U0945954

# 当霍格沃兹
# 遇上中国高中

孙一丹　著

华东师范大学出版社

**图书在版编目(CIP)数据**

当霍格沃兹遇上中国高中/孙一丹著. —上海:华东师范大学出版社,2018
ISBN 978-7-5675-7841-8

Ⅰ. ①当… Ⅱ. ①孙… Ⅲ. ①高中—教育改革—中国—文集 Ⅳ. ①G632.0-53

中国版本图书馆 CIP 数据核字(2018)第 113729 号

**当霍格沃兹遇上中国高中**

著　　者　孙一丹
责任编辑　刘　佳
特约审读　李　鑫
责任校对　陈哲谈
版式设计　刘怡霖
封面设计　卢晓红

出版发行　华东师范大学出版社
社　　址　上海市中山北路 3663 号　邮编 200062
网　　址　www.ecnupress.com.cn
电　　话　021-60821666　行政传真 021-62572105
客服电话　021-62865537　门市(邮购)电话 021-62869887
地　　址　上海市中山北路 3663 号华东师范大学校内先锋路口
网　　店　http://hdsdcbs.tmall.com

印 刷 者　苏州工业园区美柯乐制版印务有限责任公司
开　　本　787×1092　16 开
印　　张　10.75
字　　数　147 千字
版　　次　2019 年 1 月第 1 版
印　　次　2019 年 1 月第 1 次
书　　号　ISBN 978-7-5675-7841-8/G·11186
定　　价　38.00 元

出 版 人　王　焰

(如发现本版图书有印订质量问题,请寄回本社客服中心调换或电话 021-62865537 联系)

推荐序

# 什么是中学生理想的教育?

一丹同学的父亲是我的朋友。在她上小学时，她父亲就带着她一起读我的《寓言中的经济学》。每天晚上读一段，花了半年时间，读完了整本书。她父亲想考考她，就问她：什么是机会成本？能不能举个小例子？她说："假期我既想回老家看奶奶，又想出去旅游。有点像布利丹毛驴儿，拿不定主意，去看奶奶的机会成本就是不能出去旅游了。"听了父女俩的对话，让我大吃一惊。我这本书虽然通俗，但并不是专门写给小学生看的，没想到一丹小朋友真的读懂了。这也给了我很大鼓励，也让我对这个小姑娘留下了很深的印象。

后来又读到了一丹的新书《一丹卧底美国小学》，是她四年级的时候随父母去夏威夷待了一年，跟美国小朋友一起上学，期间坚持每天写日记。回国以后在二十一世纪出版社结集出书，出版以后广受好评。这本书写了她在美国上小学的感受，并与中国小学进行对比。从书中看出，她对美国小学那种严格又活泼的学习氛围，对美国老师的教学方式，对同学之间的友好、互助还是很满意的。一丹以一个亲历者的视角，记录了她在美国小学生活的点滴，我们可以从中体会到她的认识与情感。初中毕业后，一丹考上了北大附中，适逢附中在王铮校长的带领下进行改革。一丹同学是带着做"小白鼠"的不安走进北大附中的。王铮发动的这场轰轰烈烈、争议不断的改革，到底给她带来了什么？作为一个亲历者，她又如何认识和评价这场改革？在她的新书《当霍格沃兹遇上中国高中》里，你可以找到答案。

我们成年人谈教育改革，往往是以过来人的身份，从教育者的角度来谈的。但我们当初受教育的年代完全不同于今天这个时代，互联网一代的想法，我们并不很清楚。教育改革的成功不仅取决于教育者的理想，更重要的取决于像一丹她们这些年青一代的感受。这本书从教育的主体——中学生的视角来谈对改革的体验和认识，就极为重要了。我们都承认，所谓"代沟"是客观存在的，无论是父母还是老师，即便是朝夕相处，也很难完全了解他们。而这本书给了我们一个全面了解他们的机会，这就更难得了。

我们常说，教育改革要以提高人的素质为核心。但中国现状是，每一个中学生最终必然要面临高考的考验，这是无法回避的现实。完全取消高考制度既无必要，也无现实的可能。权宜之计也只能是把两者结合起来，而北大附中目前所推行的改革也正是遵循了这个思路。高一、高二以素质教育为主，高三阶段叫做预科部，集中起来全面应对高考。用王铮校长的话来说：高考不是真正的学习，而只是一场设定好规则的游戏，我们只需要拿出高三一年的时间来玩好就可以了。要留出更多的空间来做真正关乎学生成长、关乎他们未来发展的事情。

素质教育是给学生更广阔的选择空间，让每一个孩子能从自己的兴趣出发个性化地拓展自己。一丹同学在北大附中的这三年就获益颇丰，从她的文字中体现出来的率真的表达，批判性的思考，对社会热点问题的关心和关注，对责任的理解和担当，都已经有所体现了。这难道不是北大附中所一直倡导的“培养负责任、有担当、有独立思想的公民”的教育成果吗？

一丹同学当然没有成为北大附中教育改革的“小白鼠”，相反，她成长得很健康，很快乐。当然，她的小脑袋里还有许多我们尚没有认识到的更复杂的想法，值得我们关心基础教育改革的大人们去发掘了解，这也是这本书的意义所在。

读了这本书，我特别高兴。一丹同学是接近00后的一代新人，有这样爱思考、敢行动的下一代，中国的前途，不是更有希望吗？

梁小民

目录

# 走进魔法学校

One

## 选择与责任

我不想去北大附中 _003
被驳回中了解北大附中 _004
选择一个新家 _005
我的课程我做主 _006
大家一起选会长 _007
零分的铅笔试卷 _009
座无虚席的图书馆 _010
接受还是拒绝 _011
努力,在哪里都是值得敬佩的 _012

Two

## 愉快的玩耍

百团大战 _015
四大赛事 _016
和导师一起玩烘焙 _017
短命的支教 _018
沙盘中的个性 _019
美味的课堂 _020
空竹，不只是老人玩的 _021
西班牙语课 _022

Three

## 学习，不打折

英语跳级 _025
玩转《史记》 _026
难度系数：0.55 _027
化学课上的 PK _028
向着雾霾奔跑 _029
误入大学生群的调研 _030
编程是真爱啊！ _032
学中玩，玩中学 _033
一天也不能少 _034

Four

## 神奇的北大附中

第一天，奔跑在北大附中 _037

邮箱的 108 种用法 _038

跪求意愿点 _039

高中生也有导师 _040

校服？No，no，no _041

不支持，不反对 _042

成绩？可以商量 _043

校会，是全校大型集会 _045

知的作业 _046

规矩是用来打破的 _047

未来学校 _049

Five

## 带我学习，带我飞

补裤子的学长学姐们 _051
我身边的学姐 _052
在游戏中了解北大附中 _053
传承 _054

Six

## 老师，可敬又可爱

终于见到铮哥 _057
论新老师这种神奇的生物 _058
老太太不好惹 _059
和 CQ 一起漫游在数学的海洋 _060
遭遇智神 _062
有个性的老师 _063
略论北大附中的辈分问题 _064
来自名校的老师们 _065
老师们的竞争也很激烈 _066
教师迟到，我们怎么办 _067
再见 CQ _068

Seven

## 亲历五花八门的改革

略论“荣誉” _071

人生不设限 _072

有目标也要有梦想 _073

在这里我学会了适应 _074

优秀与卓越 _075

2017,被放弃的一届 _076

为什么北大附中不出状元了 _077

改革急刹车 _078

我们用脚投票 _079

我们骂,因为我们在乎 _080

Eight

## 高一高二杂记

我的朋友圈 _083

教师节，回去看老师 _084

文理，是否是一道分水岭 _085

救命啊！水痘来了 _086

什么是主流 _087

论好队友的重要性 _088

老北京雾霾，还是熟悉的味道 _089

北大附中冒险记 _090

# 玩转高考游戏

Nine

## 慌张地闯入高三

高三将至 _095

高考 _096

无路可退 _097

最后的最后 _098

分班，请认真 _099

高三前，打点鸡血 _100

外地大哥 _101

Ten

## 高三，亦苦亦乐

我们的高三不讲课 _104
课，可以不上；作业，也可以不写 _105
上课用平板 _106
外地大哥后续——也没那么厉害 _107
运动可不能少 _108
板报这种神奇的存在 _110
高三，与老师共立硬币 _111
文科生的生活情趣 _112
三好生，好尴尬 _113
春游 _114
一群吃货的高三日常 _116
晚自习的缺席 _117
SHHH...苏洁来了 _118
导师组 _119
高考第一天，老师送行 _120
略论自招的重要性 _122

Eleven

## 后高考时代

用好每一秒、干翻斜对角 _125

想出国永远都不晚 _126

毕业，却不是终止 _127

高三带你飞 _128

我不后悔 _130

# 闲言碎语

Twelve

## 随笔

别让梦想变成白日梦 _135
内心与现实 _136
机会主义与理想主义 _137
《史记》与现世人生百态之君臣关系 _138
我的父亲 _141
选择 _143
论英雄 _144
学姐采访记录 _145
个人感悟与总结 _147
仪式是美好的，形式不是 _148
论雾霾听课 _150
朋友眼中的一丹 _151

## 后记

追忆北大附中的日子 _153

# 走进魔法学校

One

## 选择与责任

从我们踏入北大附中的那一刻开始，选择大概是我们做得最多的一件事，选书院，选课，选导师……在这里没有了把一切安排得井井有条、满满当当的学校；没有了追在你屁股后头让你做这做那的老师家长。在这里，所有事情都是你说了算。怎么样？听上去很不错吧，是不是觉得自己进入了高中生的天堂？

等等，别高兴得那么早。

自由和选择永远不是没有代价的，随着选择而来的便是对自己选择所承担的责任。在北大附中，没有人会为你做的选择买单：当你选课不当、学分不够时，没人会帮你搞定，只能自己下个学段疯狂选课；当你学习不专，频频挂科时，也只能自己默默咽下重修甚至休学、降级的苦果；当原本想要学理却反悔选择文科时，也不会有什么人管你会不会修不上史地政的必修课。自己选的路，跪着也要把它走完。这句话在北大附中大概也得到了最好的印证。

这三年，我们不仅学会了选择，更重要的是学会了为自己的每个选择负责。

## 我不想去北大附中

北大附中各种神奇的改革最近几年也是引来了不少质疑。什么走班制、书院制、没有班级等等，听上去倒是高端大气上档次。但是，实际上谁又真正希望成为北大附中实验中的小白鼠呢？然而，作为北大子弟，北大附中无疑是最保险的。初三一模成绩不错时也曾幻想过考到清华附中什么的，当然，最终我还是没有放手一搏的精神，也就老老实实地在第一志愿处填写了北大附中。不过后来进入高中后我还是很庆幸当时做出了这个决定。

既然选择了北大附中，在暑假的几个月里我也去了解了一下北大附中的各种制度。这不了解还没什么，一了解我顿时觉得整个人都不好了。这里又是四个学院，又是四大赛事，连单元活动室之类的都实在是让人无法不想到小时候读的《哈利·波特》。虽然有些无语，但我也很快知道了在北大附中，书院、导师、课程都是要自己选择的，平时班级、班主任什么的都是没有的，取而代之的是书院和每个书院平均下来3/7个书院指导老师。对于这些新奇制度我虽然没什么好感，但多少还是有些好奇的。不管怎样，在这个相对轻松的假期里，我还是保持着每天去刷一刷附中贴吧的习惯，也从上面的贴吧学长学姐口中对北大附中有了更多的了解。

然而随后，录取通知书的到来打破了假期的悠闲。我并不知道别的学校的录取通知书是什么样的，反正在北大附中的录取通知书光是袋子里这张巴掌大小的纸片和上面的一个邮箱、一个网址就够我忙活一阵子了，毕竟上面那堆要选择的东西可都要在开学前选好的。想知道我们如何过五关斩六将，选好自己心仪的书院、课程和导师，就请听下回分解了。

## 被驳回中了解北大附中

话说收到录取通知书后就大概去网站和邮箱上看了一下，上面也列着选书院的截止日期什么的。但是当时觉得离截止日期还很远，再者选个书院也应该比较慎重就没有点进去看。后来一段时间反正就是各种玩，还病了一场，总之最后的结果就是当我收到一个同样要去北大附中念书的初中同学的短信问我“被驳回几次了?”时，我才想起来选书院这事，赶紧打开电脑，登上网页，一进去便是一大堆校规、办学理念、办事流程。当时比较着急，匆匆忙忙地浏览了一遍就点到了下一页。没想到这里还要以“考试”的方式检测我们是否认真阅读了校规，从7个书院的书院色看，迟到触犯的是红色警戒还是黄色警告，校规考察也是比较细致的。不过幸好都是选择题，连蒙带猜的也就混过去了，正沾沾自喜地准备选书院呢，没想到后面还有一个问题——看完了北大附中的各项制度与规定，你有什么未解答的疑问吗?

本来以为这只是面前的一只小怪，可没想到却是一只大Boss。我写了一个问题，然后就等着网络那边的学长学姐给予答复，等了近一个小时，终于得到的回复却是一个连回答都没有的“驳回”，也是挺打击人的。不过我很快就振作了起来，重新发过去了一个问题。这次我可是好好地看了校规才提出的问题。毕竟如果无法通过这个环节的话就不能自己选择书院了，只能听从学校分配，所以大家都还是比较着急。可偏偏对面的学长学姐们并没有照顾一下我们的意思。上午10:00发过去的，下午2:00才得到被驳回的信息，大概是去吃午饭了吧。而且下午5:00以后，再发过去的问题就没有回复了,也许是“下班”了吧。

总之等到第二天上午,还没有任何我认识的人通过了呢。大家都已经开始破罐破摔了,问一些什么“我怎么样才能过?”之类的。我有一个朋友甚至写了一封800字的信发了过去,大意就是“我实在想不出问题了,但是我真的想去诚意书院,我多么多么热爱诚意,如果分配我肯定分不到诚意,所以请您高抬贵手让我过了吧……”当然最后她还是被驳回了,但是这也很好地体现了我们大家当时抓狂的感觉。

距离结束还有2个小时,我已经基本上放弃了,没有想到这一次屏幕上竟然没有显示驳回,有那么一瞬间我以为自己出现了幻觉,刷新了一下才敢确定自己真的通过了。后来向同学们打听,发现大部分人都是这个时间过的。

军训的时候和一个学长聊起来,才知道其实他们最后一天以前问题基本上不看,只是偶尔会随意过几个,但是到了最后也就都过了。刚听到这个以后我还是有一种很强烈的被坑了的感觉,但是仔细想想,这也是那时让我们了解校规的最好办法了。

## 选择一个新家

费了半天劲,终于是有惊无险地进入了盼望已久的选书院环节。选书院和以后的选导师一样都属于双向选择,也就是说我选择一个书院时这个书院也需要给我一定的考核。所以每个书院都会出几道题,数量不定,最少的只有4道,最多的有17道。内容主要就是一些基本信息,和为什么选择该书院之类的。当然像明德这种学霸书院题也更难些,会有点时事分析等等。

这样的制度下必然有些书院会选不满人,而有些书院则十分火爆。书院的受欢迎程度一部分靠外界的口碑，比如明德就算不做宣传大家也是会争先恐后地去的。但是对于普通书院来讲，宣传片就是招募生源的利器了，一部好的宣传片能让人看过之后更想了解这个书院，反之也有的书院宣传片让人点开不到一分钟就想关闭。总之在选书院之前我也把每个书院的宣传片都看了一遍，但是事实上选书院对于我来说简直就是一道排除法。首先，我不准备出国——新民、博雅两个出国单元PASS。我是一个坚定的理科生——曾经是文科单元的正心PASS。中考成绩一般的我——学霸单元明德PASS。至于剩下的三个书院诚意给我的感觉太多功利，一上来就问一堆“你能为诚意各种比赛做何贡献?”的问题。不是就这样不好，但是这种书院气氛确实和我性格不符。然后就剩格物和致知了，其实对于我来说都差不多，最终选择致知主要是因为初中同学有好几个都在。我从来都没有觉得对自己的书院有多大归属感，但是我也不曾后悔选择致知，在北大附中这7个书院中它应该是比较适合我的，这就够了。

其实附中书院间并没有太多好坏之分，只是适合与不适合罢了。但是一开始最好还是认真选，毕竟在一个不适合自己的环境里待两年也是蛮憋屈的。

## 我的课程我做主

在北大附中最神奇的事情应该就是学生自己选课了，这种选课可不是初中时偶尔有的，选择余地很小的一节选修课。在这里我们至少有几百种不同的课程，学生能够用自己手中珍贵的200个意愿点选择任何自己喜欢的课程、时间和老师。有没有觉得自己进入了自由的天堂？但是在愉快地选择所有自己喜欢的课程之间，我们还要好好考虑一下。因为伴随自由而来的便是责任。

在初中时，我们课程都是由学校安排，如果出了问题，还有学校兜底。但是现在，选择了自己不喜欢的课程，或者不适合自己的老师也只是自己的错。甚至有些人刚入学时太兴奋了，选课选得太嗨了，以至于没有选上只在第一、二学段开的主科必修课。可是学校还是不会管你的，你只能等到高二时和新高一一起上，但是这样错误的选课可以给你高中阶段这门主课的学习造成致命的伤害，不过这就是你自己的事情了。

好吧，相信大家已经被选课的“可怕”之处吓倒了吧。其实，也没那么吓人。但是在选课之前的确需要好好研究一下，你需要多少学分、什么样的学分才能毕业。比如说，我在选课前不知道我们不需要校本学分，选了两门校本，没选信息、通用技术，使得我第二学段的课程排得很紧张。所以记住，课程有风险，选课需要谨慎啊。

当然，我们还是有很多好玩的课程的。艺术类有各种乐器、戏剧、舞蹈课程，各种绘画课程，少说也有几十种。再说体育，除了田径一个必修以外，其他可以随便选。基本上除了水上运动没有以外，其他只有你想不到的没有你选不到的。而且老师大多是退役运动员，水平好得没话说。我最喜欢的是信息和通用技术，信息有各种编程语言，VB，JAVA，C……通用技术有建筑设计、平面设计、服装设计。除此以外还有烘焙，烘焙，烘焙，重要的事情要说三遍。

总之，在北大附中的选课制下，我们享受了极大的自由，同时也开始真正对自己负责了。

## 大家一起选会长

都说过了北大附中没有班级，只有书院，而且，现在书院长也没有了，我们的书院们都变成了彻底的自治。既然要自治，便有了自治会这种组织，至少在致知书院我们把它称做“自治会”，在其他书院有其他的名字，但是做的事情大多是一样的。大概就是组织每周的议事会，为四大赛事提供后勤，并且管理书院活动室的秩序等等。由于在北大附中我们只有高一高二会以书院为单位活动，高三就会进入预科部全力备战高考，所以书院自制会需要不断注入新的血液，这就是为什么，在高一新生入学第一周，我们就开始进行自治会选举了。这次，我们将在新高一中选出自治会副主席和其他几个部长，包括财务部、后勤部和宣传部，还有一些普通部员。

竞争比较大的当然是副主席和部长，这种竞选和初中、小学选班长，选学习委员差不多。就是竞选者在大家面前依次说一下为什么自己是最适合这个职位的人，然后大家投票就好了，票高者得嘛。唯一的不同就是，现在我们选举完全不受任何老师的影响，只要是大家选出来的人，就直接上任了。当然，作为高一新生，我们对如何完成自治会的任务还不熟悉，所以在第一学段会有高二的学长学姐指导我们，但是往后就全靠自己了。有些时候自治会的工作还是蛮糟心的，副主席需要每周在议事会上组织各种做作业、玩手机的同学们讨论，后勤部的需要在每次有人逃值日时自己完成，财务部的需要绞尽脑汁从学校财务那里多压榨点钱。我当时竞选的时候准备不足，没有被选上，现在看他们的工作虽然挺累的，但有的时候还是略有点羡慕的。他们为书院付出的同时，也从这个书院得到了一种归属感，在北大附中这个什么都不固定的群体内有这么一个让你拥有集体荣誉感的地方也是不错的。

说实话对于我来讲，北大附中确实是一个让我感到有归属感的地方，但是对于书院，我和不少人一样，感情并不深。

# 零分的铅笔试卷

在中国，大概从小学三、四年级就开始要求学生们不用铅笔写字，要用钢笔或者签字笔什么的。然而，在美国我们写字大部分是用的铅笔，要到大学才会慢慢改，而且直到成年后大部分无关紧要的东西也是用铅笔。的确，在许多情况下铅笔比较容易擦除，改正，特别是多次纠正。我大概也就是在美国那会儿养成用铅笔的习惯，再加上回国后中文水平欠佳，错字频出，也就一直使用铅笔。

在初中的时候，老师查得比较严，我虽然作业用铅笔，但考试至少用的是签字笔。然而到了高中，老师多半不拘小节，铅笔用得也就越来越多了。哪怕是最严格的数学冯老师也只是嘴上说说“如果用铅笔就擦干净再判”什么的。但是后来我试了两次用铅笔，也没什么事儿，也就放心大胆地继续用下去。然后，在新学段开始的第一次考试上，我就呵呵哒了。我一如既往地用铅笔写，然而等到卷子回到我手里的时候已经空白了，唯有一颗鸭蛋愉快地坐在卷头。这一下子可就是 4 分，就算改了以后也会扣两分、理论上来讲整个学段过评 + 段考扣超过 5 分就不能得 $A^+$ 。在开学的第一周就扣了 2 分，对我的打击可想而知。当时，本来还想去找老冯要要分，但考虑到他说一不二的性格，我最终还是没有去自讨没趣。当然，那个学段我最后还是得了 $A^+$ 的，不过当时的确是个比较深的教训，从此之后，我至少数学不会再用铅笔写了。

仔细想想，这样的要求并不是没有道理的。毕竟高考是要用签字笔，现在一直用铅笔，以后在高考上可能不习惯影响发挥。这个道理我确实是懂，但是遗憾的是冰冻三尺，非一日之寒。现在我也只能做到文科不用铅笔，理科作业、考试不用铅笔，理科做题的时候还是用铅笔的，总觉得用签字笔打草稿什么的非常别扭，笔误之类的改起来实在不方便。当然，考虑现在在北大附中的情况其实用什么笔已经不大重要了，毕竟大部分时候大家都不用笔……

## 座无虚席的图书馆

从第一天迈进北大附中的门开始，图书馆对于我来讲就是一个很重要的地方。相信很多人是有同感的。对我这样初入附中的新生来讲，书院活动室是一个嘈杂并充满了迷之气味的密闭空间；讨论室是个连进去都要穿鞋套的麻烦存在；各类教室也因为老师坐镇让我等学渣不敢轻易踏入。这样一来一个个漫长的午休、自习课甚至清晨时光便理所当然地献给了我们“平易近人”的图书馆。

高一一开始那会儿，我每天 7 点多到，这时老师刚刚开门不久，我便会成为图书馆中为数不多的几只早起的鸟儿中的一个。找一个明亮，清静的角落，做几道题，看几页书，随手刷刷邮箱和朋友圈。早上的图书馆人不多，一张张白色的空桌子却每每都能让我找到安心的感觉。从这里开启的是新一天的附中之旅。

中午下课，趁人还不多赶紧到食堂“错峰吃饭”，然后就回到图书馆继续在我的角落窝着。可惜，附中的孩子们都颇为好学，很快图书馆那少说也有三百个的座位就基本上座无虚席了。就算有座位也得忍受前后左右的人都不认识的窘境。但凡有人，也就会有噪声，幸好大家都比较注意，好歹比初中时充满追跑打闹的教室要好上一些。前段时间家长会，还听有家长表示对孩子“午休、自习课时间不学习，玩手机”的顾虑。其实，这也是附中许多新生和家长心里最担心的事情之一。不过这的确有些多虑了，我们这里确实有不少人会在图书馆玩手机，玩电脑，但是大家一般都是有个度的，会把学习放在前面。比如说段考临近时，大家一个个可都是眼里只有课本、题目了。其实有的时候当玩手机少了和父母、老师躲猫猫的刺激，变成自己时间管理的一部分，也就没那么有意思了。

## 接受还是拒绝

之前提过我在高一第一学期的时候一直比较独来独往。其实除了北大附中的制度以外，还有另外一个原因，现在说起来还是蛮尴尬的。

虽然这样说显得有些自负，但是上高中以来我的成绩还是不错的，特别是在我们这个成绩普通的书院，我的理科和英语成绩都还算突出。而且考虑到我从高一第二学段开始就一直在上高二的英语高级课程，也有不少人知道我英语不错。所以开学还没几周，每次我到书院活动室自习时就会有一些我连名字都叫不出来的人来问我问题。有的时候是数学，有的时候是英语，甚至有人还希望我能帮他们改作文。大家都是同学，虽然不熟，但很多时候为了不给同书院的同学不好的印象，我也不方便拒绝。不过毕竟我也有自己的学习任务，我既不是老师也不是圣人，没有责任解答每个人的问题。但后来我发现开始拒绝后，有些人不但没有对我之前的帮助表达感谢，反而对我不再提供帮助而背后议论。所以，抱着“我惹不起，我还躲不起”的心态，我便很少去书院活动室了。到了第二学段，除了偶尔的值日外，我已经基本上不进去了。

但是有些同学的确非常锲而不舍。第二学段的某一个早上，我照常坐在图书馆三层的一个角落自习，一个我们书院我完全不认识的妹子过来，问，她能不能和我坐一桌。虽然当时旁边还有很多空桌子,但是我总不能对她说“妹子,你想坐这儿我就换一桌”吧。所以她就坐下了,然后她开始问各种问题,每天都和我坐一桌,并且还要走了我的手机号。她问的问题主要偏向数学方面,一开始我觉得给她讲一讲也能提高自己对问题的理解,而且人家是个外地妹子,来这儿学习也不容易,我也就还算耐心地回答了她两周问题。但是后来她就有些过分了,数学课基本上不听,指望着我给她充当老师的角色,而且她的问题已经严重影响到了我的时间安排,所以我就开始明示暗示她去找老师。可是也不知她没有收到我的信号,还是不想找老师,反正问题照就。最后我只好手机把她拉黑,然后每天跟老鼠见了猫似地各种躲她。奈何这妹子的“追踪技术”非常厉害,不久后她就抓住了我。之后的对峙我实在不想描述了,反正之后她倒是不缠着我了,但每次看我的眼神都让我觉得如果眼神可以伤人,那么我已经千疮百孔了。

类似的事情不只这一件,甚至现在也还有,我也就不一一赘述了。不过经过一年,已经没有什么同学问我问题,一般也就抄抄作业。这种时候如果混不过去,我也会给他们。但是,听书院里那几个屈指可数的和我关系不错的同学说:“我们书院的人基本上都知道我,但是认为我比较高冷,不好相处”。确实,现在在我们书院除几个关系不错的,其他人就是跟我说话也主要以借作业为目的。但我倒也不觉得可惜,毕竟每一个人都是独立的个体,而学会独处也是我在北大附中得到的最重要的能力之一。

## 努力,在哪里都是值得敬佩的

说实在的,我一直挺佩服那些能够靠努力和认真干成事儿的人。就我本人来讲,也不是不努力，只是做事比较任性——喜欢的愿意花大把的时间，没兴趣的连碰也不会多碰一下。但是，不得不说在现在的北大附中，面对大把的诱惑，不少人都是这样的，真正能踏踏实实地为了达成自己的目标而努力的人其实真的不算多。

不过最近认识的一个妹子却真心认真到令我佩服。虽然是一个年级的，但是到一起上微积分课之前只能算得上是面熟。她是出国党，由于害怕学不好微积分拖绩点，所以选择旁听。这本来是没有什么奇怪的，真正厉害的是她坚持旁听了一整个学期。说实话，微积分这种课哪怕我是全凭兴趣报的，中间也有几次生出退课的心思，如果一开始选择旁听的话一定早就不来了。顺便加一句，好几个同学都是上到一半选择退课或者索性翘课的。然而她虽然选课的主要原因是应对微积分的 AP 考试，最后竟然不仅坚持上了所有课，还做大部分作业。最后的水平甚至比不少正式选课的同学都高。

后来又有一次和她一起上物理课，是早上的。她似乎因为堵车迟到了那么几分钟，说实话这在北大附中实在算不上多大事儿。但是她一到课间就立刻跑去和老师解释，还仔细询问自己是否错过了什么重要内容。还有一次，她调课到了我们班，为了确保能跟上这个老师的进度她还特意问我们要了这个老师原来的段考卷子。和她一比，我不禁觉得有几分惭愧。

类似的事情还有更多，不必一一举出了。但是认识她的人都会为她的努力惊叹。也许在这个学霸云集的北大附中，她不是最聪明的，也不是最厉害的，但是这种踏实的态度的确值得我学习。

Two

## 愉快的玩耍

16岁的花季一头栽进课本是何其不幸，在这个该愉快玩耍的年龄太多中国孩子被剥夺了玩耍的权利。幸好，在大泥湾艺体学校，娱乐不仅是我们生活中重要的组成部分，很多时候更算得上是我们的“主业”。

从把每个学段塞得满满当当的四大赛事，到每年九月侵占了校园每一个角落的“百团大战”，再到只有你想不到，没有我们不offer的五花八门的选修课，以及校友日、开放日、圣诞party等数不尽的应季活动，可以说，在北大附中，至少在高一高二愉快地玩耍是我们的第一要务。虽然这是现实，但是这种做法是不是正确的，高中到底是该享受青春还是该努力高考，我现在也不好评判。不过我个人一直认为没有娱乐的生命是可悲的，而哪怕用北清的录取通知书交换，我也大概不愿失去这肆意玩耍的两年。

## 百团大战

大家应该都听说过北大每年三角地边上的百团大战，其实我们北大附中也有一个迷你版的百团大战。规模虽然小了一些，但趣味却是丝毫不会减少的。

每年九月的某个中午，一张张桌子在西楼前面的小广场上支了起来。每张桌前都挂着一个社团的海报，旁边或站着或坐着的是几位面上挂着“诱拐”的微笑，时刻准备将魔爪伸向过往学弟学妹们的学长学姐。每个社团都在使出浑身解数以便拐带尽可能多的学弟学妹们。国际象棋社的当街摆起了棋局；咖啡厅的表演起了拉花；日本文化社的发起了和果子。不过最具观赏价值的还要数 cosplay 社和街舞社了。虽然九月的北京还略显炎热，但 cosplay 社的众人还是不惧骄阳地穿上了厚厚的 costume、带着五颜六色的假毛，可以说是非常敬业，特别是有些学长非常有牺牲精神地穿上了女装，引得大家频频驻足。我们那年社团招新的时候，感觉他们还有几分业余，但今年校友日回去看宣传的时候却发现 cosplay 社比三年前似乎壮大了不少，水平也和专业的别无二致，看来招新还是值得下功夫的。再说街舞社，似乎找来了斜对角街舞社的外援，在西楼门口的空地上搬来了音响，跳起了舞。领舞的小姐姐跳得特别好、动作超级帅气，他们一开始跳附近的人就都被吸引着围了过来。就连别的摊位的负责人们都放弃了自己的摊位，前来围观，可见吸引力之大。当然虽然舞蹈表演很是花哨，但实际上对于没啥艺术天赋的大众来讲还是经济实用型的社团比较受欢迎，所以像支教项目、模拟联合国之类的社团几乎是不需要宣传就已经人满为患了。

在百团大战的热烈的气氛中，大家都会因为种种原因被诱拐进许多社团，拿我自己来说，那一天我加了五个社团，而且我应该并没有超过平均水平。然而实际上当一开始加入那一瞬间的肾上腺素爆发平息了以后，不少人会发现自己其实不想参加这个社团的活动，到最后我一直还参加活动的社团大概也就只有一个了。不过这也没什么不好的，多尝试一点总还是有趣的。

## 四大赛事

在北大附中三年，如果没有参加过四大赛事，那不得不说你的人生绝对是不完整的。毕竟，这项横跨 8 个书院，纵贯四个学段的活动可几乎算得上是大家除了上课以外最重要的活动。四大赛事包括篮球赛、戏剧节、舞蹈节、足球赛，分别在第一到第四学段举行，算是我们非常重要的课余活动。

看到这些项目，是不是觉得和一般中小学里小打小闹的课余活动区别不大？那您可就是大错特错了，我们，可是玩真的。我们的篮球赛、足球赛从各个书院宣传标语、宣传视频到宣传海报开始可都声势浩大，随后的开幕式 + 抽签仪式也是颇具规模。再然后便是一轮一轮的比赛，每个中午一场，通常也要打个一个多月，而每一场球赛都会有书院同学呐喊助威，并在书院公众号上发布战绩。最后在季后赛什么的都打完以后，会有一场全校规模的颁奖典礼，典礼上依次念出每个书院男篮、女篮或者男足、女足的排名，并为前三名颁发奖状、奖杯和丰厚的奖金。

再说戏剧节、舞蹈节就更是十分“兴师动众”了。每个书院都会有两名指导教师，一般来讲一名来自戏剧学院、一名来自舞蹈学院，分别负责指导学生完成戏剧节和舞蹈节的筹备。网红 papi 酱就曾经是诚意书院戏剧节的书院指导教师，怎么样，很厉害吧？虽说有指导教师，但是他们真的只是起引导作用罢了，从主题的选定，剧本的撰写，舞步的大概配置到排练时的导演任务都是由学生完成的，所以在有趣好玩的同时，同学们也要花费较大的时间和精力。比如说我自己参加过的戏剧节，在临近表演的时候经常要排练到晚上9、10点，这还不算什么，听说明德他们有一次排练到凌晨2、3点，校门锁了，翻墙出去的，不过参演的同学们都没什么抱怨，反而觉得十分有趣。

也正是在附中丰富的活动的熏陶之下，近年来我们去中戏、上戏等的同学越来越多了，人数比清华附中类的要多上几倍。不知道可不可以算得上是一种成功。

## 和导师一起玩烘焙

北大附中的导师制算不上成功，现在一半左右的同学已经不再见导师了，像我这种比较听话的也只是每个月花三分钟进小白楼打声招呼罢了。不过的确这种导师见面方式实在是一种对时间和资源的浪费，考虑到我当时选导师时特地选了个学心理专业的，不尝试与她好好交流一下实在是对不起自己。

所以我决定把这次导师见面约在底下的烘焙教室，好歹让无聊的见面变得有点意思，必须承认一开始气氛还是比较尴尬的，导师会问一些奇奇怪怪的问题，有关我的计划、我朋友关系、家庭关系什么的。其实一般来讲这就是我们每次见面的主要话题，似乎也是学校要求导师了解的信息。但是作为一个比较注重隐私的人，我无法接受和一个不是正规心理医生的陌生人谈论这些事情。不过这次的气氛似乎要比往常好一些，毕竟在说话时我不用做眼神交流什么的。

幸好很快我就成功地把话题引到了更轻松的事情上，比如说做纸杯蛋糕的注意事项，各种材料的用量等等。虽然没有什么经验，但是导师还是非常愿意尝试和我一起做蛋糕的。两个人弄得满手都是巧克力，挤出来的都是一批奇形怪状的小蛋糕，但是我们的确玩得很开心。突然发现，导师其实不比我们大太多，相比于沉闷的导师见面室，在这种轻松的环境更容易进行愉快的交谈。

蛋糕烤好后我们把它分而食之，味道倒是出奇地好，我还给同学拿了两块回去。不得不说这算是我最愉快的导师见面了，以后可以考虑做些类似的趣事。

## 短命的支教

兴许是吸收了不少外国元素的缘故吧，北大附中的社团活动是颇为丰富的。每年开学一个月左右我们就会迎来一年一度的社团招新。大大小小的摊位几乎占满了校园的每一个角落；各种炫酷的表演和花花绿绿的海报让人目不暇接；只要你一停脚步就会被说得天花乱坠的学长学姐们拖到他们的摊位旁，就是在这样的环境下，我加入了这个支教的社团。

一开始真心觉得支教不难，我虽然算不上十八般武艺样样精通，但是只要不是语文，我讲起来也都没大问题。加入这个社团没几天，我已经和一位学姐开始一起计划我们要讲什么了，就连什么时候来个 POP Quiz 都想好了。然而想法很丰满，现实很骨感，本以为进个离家近的点就可以拎包上阵了，可没想到场地是需要自己联系的，就连学生也是需要自己去找的。最后我们在一个离我家颇远的地方找到了教室，又“勾搭”到了几个附近菜市场里的孩子，支教就算是正式开始了。

由于老师基本上和孩子数量差不多，我们决定每人分一两个孩子单独辅导。值得一提的是,“孩子们”的年龄从小学一年级到与我们一般大的都有,虽然不至于辅导不了,但还是有几分无语的。家长们刚走的十分钟还算相安无事,但很快我们就发现自己低估了一群平均年龄十岁左右的孩子可以多么熊。在整个走廊里追跑打闹,弄乱教室里一切可以弄乱的东西,甚至拿着我们的东西不还回来。很快,我们就意识到了这次活动已经从支教变成了看孩子,却也无力改变。只能盼望一个下午早点结束。可是这个下午简直是度日如年,最后我们已经演变成看着表针用英语骂人了。

这就是我的第一次也大概是最后一次支教,虽然支教这种东西听上去很潮,但是我实在无法继续忍受一帮熊孩子的摧残了。说真的,我小时候也这么讨人厌吗?

## 沙盘中的个性

通用技术课程,每个人至少要上两门,然而我却悲哀地发现除了烘焙以外所有通用课的名称上都有“设计”二字。作为一个只能画出坐标系和火柴人的“艺术废”,我觉得自己受到了一百点伤害。可是毕业证不能不要,所以最终经过一番激烈的思想斗争,我颤颤微微地选了建筑设计课。一方面这门课的艺术成分比平面设计、服装设计什么的肯定要少;另一方面正好有个比较熟的同学也上那门课,有粗壮的大腿可以抱。

然而上了两节课后,我却发现这门课实在太合我的胃口了——几乎完全没有画图,而是自己动手做沙盘和放在沙盘上的各种物件,说实话我虽然不擅长绘画,但是在动手能力上还是不错的。所以我很愉快地就投入了设计中,模仿曼哈顿的海岸,凌乱散落的小岛和略显普通的房子。虽然细节什么的都比较简陋,但是我们依旧做得十分欢脱。几个人打打闹闹地布置着我们的沙盘,倒是和小时候玩的过家家有几分相似。

每次上完课，衣服上都多多少少会黏上点草粉，乳胶什么的，连续三个小时站立着做沙盘也是略有些疲惫，但是我依旧颇为享受上课的过程。最后我们的沙盘效果不错，老师对我的印象也不错，结果竟然在总评上给了我满分，虽然之前得过不少 A+，但是这份成绩也让我很是高兴。

后来老师还推荐我去参加一个全国的沙盘设计比赛，取得了不错的成绩。说真的，在为了学分选下这门课的时候我从来没有想过它会给我带来这么多快乐与奇遇。也许这就是敢于尝试，敢于迈出那一小步的力量吧。

## 美味的课堂

若要选出北大附中最受欢迎的一门课，那一定是非烘焙课莫属的。当年曾经一度出现了 150 人抢 20 个课位的盛况，投了一百个意愿点选上的概率也是颇为渺茫的，只能听天由命。我当时是极其幸运的，成为了我们这一届第一批体验这人人神往的通用技术课的幸运儿。

像北大附中大部分课一样，我们的课时是很紧张的，根本没有时间讲一些没有意义的理论知识，从第一节课开始就按照菜谱忙活起来了。的确烘焙上手起来并不困难，作为一只曾经生活在美国的吃货。我当然是早已深谙烘焙之道，说起来好像很厉害，然而事实上我烘焙是只追求口味，鲜有色，香，味俱全的作品。所以烘焙课对我的水平还是有一定提升作用的，至少上过课后我敢于尝试提拉米苏等复杂作品了。

第一节课，我们自然是从简单的饼干做起，一个屋子的人很快就以小组为单位忙得团团转了。说起来，本以为选烘焙的大多会是女孩子，却没想到在男女比例严重失衡的北大附中竟然在这个课上至少有一半男生，实在是“贤妻良母”啊。

作为班里少有的“有基础”的人，我在组里自然是算工作能力比较强的，在我的带领下我们基本上都能最快地完成作品，很多时候做的还是双份的，毕竟大家都想多吃一点点。

短短九周的课，我们成功完成了西点中大部分领域的制作：饼干、蛋糕、面包、Pizza、芝士蛋糕，还有提拉米苏。等到课程结束后，我必须承认自己是非常舍不得，毕竟免费吃好吃的，还拿学分实在是不可多得的体验。说实话，这门课的确是价格不菲，每次课的食材花费少说也要几百，更不要说那一屋子烤箱、工具了。当然这就不在我所担心的范围之内了，作为北大附中的学生，不尝试一下这门有趣的课，实在是有些可惜啊。

## 空竹，不只是老人玩的

我们是要求每个学段都选体育课的，但是作为一个同时上荣誉、大学先修和两门艺术课的理科生，我的课位和意愿点都是颇为紧张的，最后选来选去只好选了空竹课。大概是由于我姥爷特别擅长空竹的原因，我一直认为空竹应该是老人们在公园里娱乐的道具，自然也就对这门课没有什么兴趣，第一次上课前还尝试去调课，可惜我有时间的那个课位只剩下一些 Track、田径等不合适我这种体育渣的课程，只好颇为怨念地去上课了，上课之后才发现不少同学也都是因为调课未果被迫来上课的。

课程一开始，老师倒也没有过多废话，一上来就开始教我们提拉起动。看老师做得非常轻松，但是小时候和姥爷学习空竹失败的经历让我一直觉得空竹很难，没想到，实际上开始上手练习时，倒算不上难，前几次当然就是围着空竹转上10圈8圈的，然后就会发现空竹非但没抖起，反而在绳子上系了几个死结。不过慢慢地，大概练了十几次以后，就开始有成功的案例了。虽然成功率低于10%，抖起来也因为轴上还套着好几个绳结而很快就坏了，并且围着空竹转得头晕脑涨，但是能在第一节课上就把让我如临大敌的空竹抖了起来，还是让我感到颇为兴奋。特别是在我被老师准许去学第一个花样动作后更是第一次在体育课上生出了一种类似于成就感的神奇感觉。

但是当然在之后的课上还是不免有些小问题的，比如说现在有一个动作我一直无法学会，因而颇为郁闷。不过幸好身边有不少空竹高手，大概课后找人帮忙辅导一下，应该也没问题，总之对于空竹课我还是持乐观态度的。上了课以后，才发现身边至少一半的同学都上过空竹，而且评价也都挺好的。虽然一开始对空竹并不感冒，但是上了7周以后不得不承认这门课还是有被大家认可的理由。

## 西班牙语课

虽然之前有过学了两年德语后来却忘得一干二净这种不是十分美好的经历，但是我依旧对再学门外语这件事颇有兴趣，特别是来到北大附中以后，面对五花八门的课程有几分动心。西班牙语、德语、法语、日语，甚至还有满语，这些课程虽算不上十分丰富，但是却也足够满足高中生对外语的需求。当然由于给的是校本学分，大部分外语课都是门前冷落鞍马稀。不过日语倒是个例外，你永远也不能低估日漫对少年们的吸引力。这对我倒不算件坏事，我选的西班牙语课一共只有10个人，是名副其实的小班教学。老师还是美国来的外教，全英文的教学在学习西班牙语的同时还锻炼了英语听力，也是件美事。

当然，指望一个学段学会一门语言实在是天方夜潭，但是这个过程的确是令人享受的。第一节课回来我已经兴奋地叫着“Hola”了。现在大概上了四、五节课了，我虽然基本上只知道了几句基础的对话和简单的语法，但是有关西班牙语国家的风土人情却了解了不少。比如说拉美人热情的贴面礼，又比如说西班牙人不同于我们的双姓制度等等。不知不觉间我倒是对这些国家产生了不小的兴趣。

也许等到高考以后我倒真可以借助自己这不大熟练的西班牙语到拉美那边玩上几天。

Three

# 学习，不打折

看完上一节，会不会以为在北大附中我们都是不务正业，只知道玩到 high 的。这可绝对是错觉，毕竟我们这几年成绩虽然是跌了一点，但也算是海淀区的老牌名校，成绩也总不会太差的。

实际上我认为丰富的娱乐生活不仅没有影响我们的学习，反而让我们在获得多方面锻炼的同时保留了一份对知识的渴求与好奇。而我们五花八门的改革也为原本颇为无聊的高中课本内容，增添了几分乐趣与灵活。种类繁多的生物 & 化学反应依旧复杂，但有趣的实验和美味的产品却为他们添了几分色彩；古典名著的文言依旧晦涩，但丰富多彩的探究项目却给了人读下去的动力；我们的课程也许像所有学校的课程一样并不适合所有人，但灵活的体制总能让人看到一线希望。

然而有趣可不代表没有挑战，毕竟我们大概是国内少有的挂了科需要重修的高中，也正是因为这项政策，我们这里降级、转学、休学的比例也是出奇的高。

所以北大附中的课业任务是绝不轻松的，当然北大附中人的学习能力也不可小视的哦。

# 英语跳级

对于英语课我一直算不上喜欢，倒不是说对英语有什么意见，只是纯粹地觉得国内中学的英语课对我意义不大。不论是一遍遍地抄写早就烂熟于心的单词，还是试图用理论解释凭语感找到的答案都让我觉得很是无聊。所以我在军训时听学姐提到英语可以免修的时候的兴奋应该可以想象。本以为北大附中的开明将让我在未来的两年免受 chinglish 的折磨，可惜计划赶不上变化，我们从 14 年开始开发“名著阅读”式的英语课后，不允许免修了。而且第一个学期连选择课程的权利都不给我们，就这样我就被安上了一个莫名奇妙的英语课。

说实话，人都是贪婪的生物。初中时一直被安排上英语课虽有不满但也没啥行动，可是现在心中有了免修的希望，又尝到了自由的味道，面对安排课程这种不民主的事情就再也无法接受。于是我便尝试和任课老师，导师等进行交涉，可是得到的结果却是敷衍了事，甚至还有对我英语水平的质疑，转眼间调课的窗口已经结束，我依旧没看到换课的希望。粗粗地翻了一下我们要读的“名著”——《少年派》，我必须要说这实在不是我喜欢的主题；至于难度，我五年级的时候就能在一个星期内看完。于是我炸毛了，开始用另一种方式反击——

课上，我一边写数学作业，一边完美地回答出老师问的每一个问题，课下，我写两整篇 A4 纸的论文，论证为什么这本书算不上“名著”。

考试，我花 15 分钟写完的卷子一般比第二名高十几分。

明显对于课程难度不满意的不只我一个，不久后，学校组织考试，过了的同学可上高二的英语课。自然，我是通过的了，说实话倒是并不觉得高二的高级课有什么难度和意义。但是好歹老师非常萌，课本可以当闲书翻翻，而“英语跳级”这件事也在很大程度上满足了我的虚荣心。

所以，最后大概也算是一个你好，我好，大家好的结果了。

## 玩转《史记》

大概是因为在美国待过一段时间的缘故，自从回来以后，本就不擅长的语文就变成了我的一块心病，而这块心病在北大附中最新的语文课程政策下又有隐隐发作的趋势。所以在选语文课的时候，我一直努力寻找一些和高考关联度比较大的课程，以免自己三年后被高考语文虐得太惨，选择《史记》大概也是出于这个原因。

说实话，一开始选择《史记》绝对是抱一种视死如归的心情，看着那厚厚的三本写满了文言文的大部头，我绝对不会想到在不久的将来我竟然会觉得它挺好玩的。

一开始的时候对照着译文啃着那一页页的古文，几乎让我感觉又回了刚到夏威夷的那几个月。特别是《项羽本纪》这一篇文章，我当时是一度已经绝望地想要放弃了。毕竟不熟悉的历史事件与过长的文章加在一起实在不是一个很好的组合，不过后来在《史记》课上认识了一个挺谈得来的学霸，我们俩经常一起讨论《史记》中的内容，特别是对项羽和刘邦的做法与品性进行了许多次深入的探讨。每当意见有分歧的时候我们就试图从书上的细节中找出能够论证自己观点的内容，以至于《史记》中的那几页书都被我翻得发黑。

其实对于古文来讲《史记》的文字算不上晦涩，经过一段时间埋头苦读我惊喜地发现自己对译文的依赖越来越小，甚至能够直接看懂一些比较简单的篇目。这种提高虽然不多，但是，已经足够令我兴奋了，而且《史记》的文章有一定的历史价值，经常能够引起我和小伙伴的激烈的讨论，后来我们成了好朋友，这门课也算是功不可没。

## 难度系数：0.55

这两天，北大附中的走廊和教室里都时不时地响一声“我的化学要重修了”的哀嗷。段考刚刚结束，听到有一、两个人嗷倒也算是正常，可是一下子有五、六个人就奇怪了，特别是其中还有些同学成绩并不差，甚至有一个平时成绩还行的同学也来告诉我，她的考试只得了40多分，总评也刚刚卡在及格线。这就让我有些纳闷了，毕竟这个学段我也在学化学，而且明明一点也不难啊。

一打听才知道，这个学段有位老师出了套难度系数0.55，也就是说预计平均分55分的卷子，最后的结果极其符合他的预期。不过幸好我上的不是他的课，自然也就免去了这个折磨。说到这里就不得不提一下这位老师奇葩的出题史。上两个学段，他的卷子难度虽然还算正常，但是他在每次段考前都会给同学们发一套“模拟题”，与实际考试的相似度高达95%以上，对了，还是带答案的。可以想象大家的成绩都不错，在北大附中大家都还挺看重成绩的，毕竟成绩与绩点直接挂钩，让我们这些不上他课的同学们看得一阵眼红，自然，下个学段选他课的人骤增，一度达到供不应求的地步，不乏有些人是冲着混分去的。所以这次老师仿佛是要惩罚一下他们一样出了张这样的卷子，而且提前没给样题或答案，杀了大家个措手不及。

总之，为这个学段可怜的挂科的孩子们默了哀，祝他们来年重修的时候，不再赶上如此变态的卷子。顺便吐槽一下老师出这样一份卷子的确是有几分存心不给过的意味。虽然不能完全算是老师的问题，但是做法未免有点过激，毕竟作为学生我知道高二的课位还是很紧张，再加一门重修的压力对同学们来讲也是挺辛苦的。

## 化学课上的 PK

北大附中是选课制的，不同的老师有迥然不同的风格，这一点在高一教必修化学的两位老师身上体现得尤为明显。一位在学校待过挺长时间，教学方式比较传统；而另一位则是刚出校门不久，经常匀出时间带我们做好玩的实验，介绍有趣的新科技。抱着反正是高一，不玩白不玩的心态我自然选择后者，果然课上有不少好玩的事情。

比如说有一次我们做盐酸溶解鸡蛋壳的实验，老师让我们先回去思考怎样能在不改变盐酸质量与蛋壳质量的情况下加快反应速率，第二次课做实验的时候，哪个组的蛋壳溶解得快就会拿到加分。说真的，对于北大附中学生来讲加分什么的还是挺有诱惑力的。就看第二天，大家“八仙过海，各显神通”，想出了各种奇葩的点子。首先大家都把蛋壳磨碎，不过之后的做法就各不相同了。有的人用酒精灯加热盐酸，这当然是不对的，盐酸易挥发，不一会儿就只剩水了，还有人选盖上盖隔水加热，这倒是避免了大部分挥发的问题，不过事实证明效果甚微。甚至有位神奇的同学到食堂要了碗醋准备倒进去，不过这就有点胡闹的意思了，毕竟食用醋中醋酸浓度很低，一碗醋进去后的效果几乎和加水无异。

最终经过多方考量，我们决定灼烧蛋壳。虽然达不到碳酸钙分解的温度，但还是祈祷能够除去蛋壳中的一些其他物质。事实证明，我们是成功的，虽然并不知道到底是因为发生什么化学反应还是单单是加热了的缘故。反正我们组的蛋壳首先溶解，而且至少比第二名要快了半分钟。

类似的带有一定“竞技性”的实验算得上是我们化学课上的亮点，这大概也算是我们一直追求的“快乐学习”吧。

## 向着雾霾奔跑

不知道别的高中如何，但是在北大附中那必修的田径课可算是每个人心中的一块心病。自己没上之前，仅仅是看到别人上完田径那副半死不活的样子就是一阵胆战心惊。每次选课将近，都会听到同学们在各种各样的地方争论为什么下个学段应该或者不应该选田径。对于这个问题，相信北大附中每个人都有一套自己的理论，唯一算得上公认的结论大概就是不在夏天选田径。

经过一番激烈的思想斗争，我决定在高一第二学段，也就是冬天，选田径课。一来离中考刚过半年，体质还不至于太差，二来大冬天的衣服穿得厚，跨栏摔着了还不至于太痛。毕竟上次某学姐在田径课上把自己锁骨摔断了的故事我们可都是耳熟能详的。当然考虑北京冬天那永远灰蒙蒙的天空，我不得不承认雾霾可能带来的停课或者说停跑也是影响我做这个决定的因素之一。

可惜的是，目前为止雾霾倒是不少，PM2.5 指数动辄 400、500 什么的也是常事。但问题是体育课不仅一节都没有停，甚至面对长呼吸时都觉得鼻孔里火辣辣的雾霾天老师还能说出来“阴天”二字。既然是阴天，自然也就免不了每次课都跑到死去活来的命运。甚至有一次明明是严重污染却要求我们跑 1 500 米，那灰蒙蒙的天气可是连紧挨着五四操场的农园食堂都难以看清的。

不过虽然不喜欢田径课，更不喜欢雾霾中的田径课，但是不得不承认它存在的必要性。除了少数体霸以外，田径算是我们大家所上的运动量最大的体育课，考虑到高中没有高考体育项目激励，增加点运动量还是有必要的，不过跨栏什么的就还是免了吧，小短腿求不伤害。

## 误入大学生群的调研

8 月底，北京的天气依旧如蒸笼般闷热，所以，应该不难想象我是抱着多么急切的心情开始了这次呼伦贝尔之行，然而，到了地方不久，准确来讲，是见到亲爱的妈妈准备带着同行的 9 名大学生、研究生后，我就觉得整个人都不好了。虽然我对自己的能力还算自信，但是让我和一群平均年龄比我大 5 岁的人一起参加调研，根据一样标准干同样的活儿还是让我颇为忐忑的。

当然，不管我如何纠结，也还是被分配了一个 Partner，天知道我当时觉得多么对不起他，然后大家一起听他们的老师，也就是我妈的讲解。让我意外的是，工作虽然颇为烦琐，但看上去也没有特别需要专业知识的。唯一有些费劲的大概就是被要求画地图，作为一个毫无美术功底并且对地理一窍不通的高中生，我表示面对一堆地理专业学过地图课的大学生实在是压力山大啊。不过，没关系，我向来是个乐观的人，再说了地图也不是我们这次调研的重点。哦，对了，好像忘了说我们这次调研的主要目的了，其实我们主要就是要去两个呼伦贝尔的村庄找当地人帮我们填问卷。这听起来还是蛮简单的，实际上做起来也确实不难。最重要的就是能鼓起勇气拦住一个陌生人，或者去敲别人的门，让他/她帮你填问卷。如果是一年前的我，可能还会有些不好意思什么的。但是现在作为在北大附中每一次小组活动都被推上去做 Presentation 的老好人，我已经练就了堪比防弹衣的脸皮。所以，拦路做问卷什么的，那还叫事儿吗？

而且，说实话受访者都比我想象的配合，毕竟如果是我的话大概不会花近一刻钟给陌生人填一份问卷，但是在这里人们的生活似乎没那么着急，相对还是比较朴实的。所以我们的问卷调查进展得出乎意料的快，这不是我在 show off，但是我们的问卷无论从效率还是质量上都颇高的，而作为高中生的我也没有拖队友后腿。

当然，接下来还有一个不容忽视的问题——地图。这玩意对于我和队友来说都颇为棘手。不过作为学生，我不会的时候当然就要学了。这不，又是请教同行的老师，又是借鉴别人的地图，取其精华，去其糟粕。反正，前前后后忙活儿了一个晚上，最后结果嘛，至少不是最差的，考虑到其他组都有人学过地图，这个结果已经不坏了。

在这次调研中，我其实还有一个颇为严重的私人问题——选课时间与调研重合。这代表我很有可能会因为选课错过一两天的调研，或者因为村里不尽如人意的 Wifi 信号而导致选课结果不如意。不过事实证明我实在是想太多了。选课于 25 日 16：00 开始，次日 20：00 第一次抽签。中间的时间足够，我可以安心地工作完，稍微早一点回酒店愉快地进行选课。唯一的问题就是我需要待在网络较好的院子里进行选课，但是好在对结果没什么影响，我成功地选中了所有想上的课，然后就没有然后了。

总的来讲这次调研还是一次愉快的经历，欣赏了美丽的风光；遇到了形形色色的人。最重要的是，证明了我并不比一些大学生差，真是大快人心啊。

## 编程是真爱啊!

高中时代,不少同学都开始为以后的专业选择纠结,甚至迷茫。我曾经也是这样纠结的,认为没有什么学科能让我真正地爱上的。有一段时间,很长的时间,我都认为最后我大概会去学数学。至少我不讨厌长期与数字为伍,毕竟家里有个学数学的老爸,耳濡目染什么的还是有的。而且数学是大部分理科的基础,以后就算转专业也还算方便。

当然这都是在我遇到编程之前。并不是说我有多喜欢原来的信息课,对于 PS、动画、海报等神奇的事情我是根本无爱的,大概是由于本人毫无艺术细胞,设计作品永远是颇为诡异。所以一开始,我是在母亲大人的威逼利诱下选了 VB 课程,那时候我真心是拒绝的,感觉自己的绩点一定会深受其害。但是慢慢地,我却发现自己开始喜欢上编程的过程,喜欢上了那种用一行行代码解决实际(或者很多时候是数学)问题的过程。记得刚学 VB 一个多月,我就尝试写了一个 24 点的程序,由于没有用循环,那个代码真的是超级长。当时我课下也花了不少时间弄它,最后倒也的确成功了,虽然现在我完全可以用更简洁的代码写出个更漂亮的程序,但是那种思考过程的确让我感到兴奋。

后来那节课我拿了 $A^+$,并且之后也一直会寻找各种各样有趣的问题用编程解决它们。比如说一个刻板又难算的数学物理公式被我总结出来做成了一个个人的实用“计算器”。还有一次上《红楼梦》课,老师用的抽签软件 bug 频出,我后来就给老师重新做了一个,虽然界面的确比较 low,但是作为一名理科生的初学者,要求不能那么高嘛。当时为了及时写好，我可是熬了夜的。

说起来，向来早睡早起的我似乎也只为写代码熬过夜。可惜，以后要走这条路的话，似乎经常要与浓咖啡为伴，要是不喜欢也很难坚持下来。

## 学中玩，玩中学

公平来讲，高中课本改版到我们这一版，早已加入了不少有趣的内容，比如做模型、小组活动、实验什么的。但是这些有趣的内容实在和许多人的终极目标——高考关系不大，也正是因为这个原因，在不少高中这些内容便被无尽的题目所取代了。不过在北大附中，至少在高一高二，老师们绝对不愿意失去一点让课程变得有趣的机会，所以我们的物化生三门课总是充满了有趣的实验。

印象最深的就是生物实验课，许多时候，不仅有趣还能炮制美味。比如做葡萄酒、比如做泡菜，还有培养大肠杆菌……我们真的花了一个学段的时间，在课上剥葡萄皮、切大白菜、还有每节课兴冲冲地来看自己的"大肠杆菌宝宝"长势如何。当然别的书上的实验也如是，生物课上，提纯 DNA、分离白菜染色体之类看起来颇为复杂的实验我们都做了，甚至为了做土壤检测还在早上 5 点跑到学校捉虫；化学，我们烤出来了亮晶晶的银镜，做了十分貌美的硫酸铜结晶，同时也被经常不出结果的有机化学实验折磨得死去活来；物理，我们有一个学段每次上课的主要内容就是打各种各样的纸带，而课后的最重要的作业就是拿着自己的纸带算各种各样的数据。

可以说，在北大附中，我们做高中课本上的每一个实验，每一项活动。那么自然而然地，下一个问题就是：有用吗？如果从高考试卷的角度而言，我可以负责任地告诉你：没有。事实上，做一遍实验并不代表你一定会把实验的内容记牢，相反实际实验中的操作和结果还可能与书上不同，为记忆带来困难。比如泡菜实验中课本上说水盐比是 4∶1，实际上这样的比例会让泡菜咸得无法下咽，实际操作中的比例大概是 10∶1。所以如果真的只是把目光放在高考的几道题上，那这么做意义不大。不过从长远的角度而言，我却认为这是必要的，实验不仅为了高考，更为了培养一种科学严谨的思维。每一个复杂的实验让我们懂得严谨的意义，因为一个再小的失误，比如振荡试管的方式不对，都可能造成全盘皆输的后果。每写下一组不完美的实验数据，都在我们心中一遍遍地强调着对数据、对真实的尊重。再说，从实际一点的角度来讲，如果你没有插过面包板、转过示波器，北大信科夏令营的电路实验基本没戏；如果你没做过有机化学实验，绝对要和北清的化学自招吻别了。

## 一天也不能少

大部分中学都是要求每个学期上满 18 周课的，但是，实际上真正能上满那 90 天课的学校却少之又少，当然那些外省的军事化管理中学不在我们的讨论范围内，毕竟会有一些端午、清明之类的法定小长假，还会有阅兵、APEC 这样的意外之喜，基本上都是要从这 90 天里扣的。最重要的是咱中国的寒假还根据农历的春节而定的，或早或晚，都必然影响到学期的长短。所以大部分学校都不硬性规定每学期的天数，算下来基本上一个学期能上 80 天课就已经不错了。

然而北大附中不是这样，之前我提到过，我们花在艺术等非高考科目和公民课程的时间比其他学校要多上好几倍。这导致了我们的主科课位严重不足，自然不能允许假期这种事情挤占更多课位，所以我们所有的端午、清明这种三天小长假，我们要不不放假，要不更多时候是放假以后利用周末补课，让我们非常伤心。而且由于我们必须上满 18 周课，所以我们不仅每个学期放假都比其他学校要晚，而且在春节日期比较早的时候我们甚至要把期末考试移到春节后，简直就是不让人好好过年的节奏。

比如说今年，在 70 周年阅兵放假的时候，各个中小学生都在欢欣鼓舞地享受多出来的这一周假期。只有北大附中的学生毫无快乐之感，因为开学多放一周假代表我们最后的段考要被迫移到寒假后，而从以往学长学姐们的经验来看，这样的调整后挂科率会显著上升。

当然，不得不承认这样做其实也是学校对我们负责任的表现，毕竟我们上课的时候老师们也没办法轻松。但是面对那些比我们早一个星期放假的外校同学还是不禁生出一股对课程设计的怨念。说真的，我都不确定这种随意占用假期的行为是否符合规定，但是我们是北大附中嘛。

Four

# 神奇的北大附中

不知道奇葩的政策和神奇的活动是不是每一场改革必然的产物，但是在北大附中它们绝对是不可缺少的。

我们的许多制度在中学甚至大学里面都是颇为少见的，比如选课制、学长制、走班制、书院制……在这些方面我们倒是也算得上是一个先驱者了。当然不要以为这很cool，创新就是做别人没做过的事情，而总是做别人没做过的事情总是会闹点儿笑话的。随便举个例子：不少高中都有“不许早恋”的规定，但是在北大附中我们不一样，我们亲爱的校长历来对恋爱持“不支持，不反对”的态度。然而这就使得校园的各个角落都时常冒着粉红色的泡泡，伤害了众多单身狗，所以作为解决办法我们制定出独此一家的“不可以在公开场合秀恩爱”的校规。

北大附中的改革轰轰烈烈，实在不是一朝一夕能讲得清楚的，但是从我们每一天的小“奇葩”中入手就是一个不错的方式。

## 第一天，奔跑在北大附中

课，选好了；导师，选好了；书院，选好了；同学，也认识了几个。很好，恭喜您完成了北大附中新手指引，即将进入主线剧情。经过了半个月的折腾，同学们初入高中的紧张已经消散了大半了，取而代之的，是被吊足胃口的期待。但是，没想到，我第一天就差点被北大附中神奇的排课系统坑到迟到。

事情是这样的，开学前的周末我就发现我们选出来的课表上并没有标明教室。然后害怕第一天就迟到出丑的我便十分积极地给每一个老师发了邮件，询问上课教室。然而，结果却不尽如人意，大部分老师告诉我他们也不知道在哪儿上课，周一再说吧，剩下的小部分并没有回复。我当时觉得整个人都不好了，你见过哪个学校准备在上课当天告诉你去哪上课？事实上，北大附中确实这么做了。我是在周一早上问了教导处以后，才知道教室安排已经放在选课系统上了。但是那时候离第一节课上课只有十分钟了，而大家明显都在努力查教室，导致校园网全线崩溃，根本上不去。眼看就要迟到了，看着身边一个个已经找到自己教室，准备上课的小伙伴们。我还是感觉挺无助的，并且又一次开始怨念起了北大附中的制度。幸好这时候我想到了场外援助，一个电话过去，几分钟内老爸就把一天的教室号码发给我了，也算解了燃眉之急。踏入教室时，已经迟到，但是我并不是最后一个到的，显然找不到教室的不止我一个。后来我才知道在北大附中每学段开始的一周，总有那么几节课的教室比较难找，老师们也习惯了大家找不到教室了。

好了，言归正传。其实第一天除了教室问题以外也没什么不适应的。基本上和初中也差不多，只不过一节课是一个半小时课间换换教室罢了。上课前我曾经还担心自己无法 90 分钟集中注意力，但后来很快也就适应。其实经过入学教育，我们已经熟悉了北大附中这种自己动手、丰衣足食的制度，所以第一天上课也没觉得太不适应。至少，我是这样认为的。不过似乎真有人无法接受北大附中的教育方式，选择了休学什么的，我初中同学就有俩呢。

## 邮箱的 108 种用法

作为一名北大附中的学生，几乎可以说除了一开始录取通知书之外的所有通知事务亦都是由学校的邮箱发布的。大到选课通知，军训通知，小到今天校会提前 10 分上等等，都通过邮箱里轻轻一点就搞定了。必须要说，在北大附中如果你一个星期不上邮箱，那基本上就跟山顶洞人差不多了。在上高中以前，我虽然有邮箱，但是由于用的次数太少，长时间不登陆，基本上就废了。而现在，上高中一年半，我就收发了近二千封邮件，平均每天都有三四封。

当然这么多邮件不可能全是通知，更多的是和同学、老师的交流。之前提到过，北大附中所有师生都有学校邮箱，一律是姓名全拼 + 固定后缀，所以只要知道名字，你就可以轻松地给学校里任意一个人发邮件。可想而知，邮箱基本上是附中师生最方便的联系方式。

大部分附中老师是不坐班的，基本上上完课就见不到人了。所以如果你需要课下答疑，最好先发封邮件“预约”一下，免得扑个空。更有不少老师为了方便，要求学生把作业照成照片，通过邮箱提交。这样一来既免去了收发作业的麻烦，又方便老师存档，甚至还完美应对了大家“忘带了”这个借口，倒也是一举多得。

而学生之间，经常一起做 Project 什么的，虽然平常可以用微信联系，但是如果需要传个文件自然还是邮件方便些。

当然邮件使用量这么大，不免有系统崩了的时候。记得有一次选课期间，由于同一时间登录的人太多，校园网和邮箱一起崩了。一时间，大家都在微信上各种问问问，听说那天周磊的微信被大家的各种询问刷到卡，之后他似乎删了不少人的微信……

总之，邮箱这么高的利用率应该也算是我们这儿的一个特色。现在几乎都戒不掉随手翻翻邮箱的习惯了。

## 跪求意愿点

都说分是学生命根，但是在北大附中这，选课时的意愿点在某种程度上却是比绩点更重要的。毕竟，在不挂科的前提下绩点对我们这样的高考党作用并不大。然而意愿点却关系着每个人是否能选上心仪的老师和课程，自然意愿点投得越高选中课程的概率就越大，但是每个学期的 200 个意愿点对 20 几门课程永远是不够的。对于我们来讲，每一个意愿点都是珍贵的，于是各种各样的选课技巧应运而生。刚开学不到一个星期，我们就从一群连希悦（选课系统）都没上过的新生变成了说起选课头头是道的小能手。当然巧妇难为无米之炊，每到选课时节轻轻一点就可以为同学加上 100 个意愿点的任课教师就成了同学们的救命稻草。

一开始同学们都还比较腼腆，偶尔有几个胆大的同学也就是发封邮件给老师罢了。不过很快大家都开始意识到了意愿点的重要性，从此，每到选课期间老师们的邮箱就被各种措词恳切的邮件淹没了。用原来一位政治老师的话来说：收到第一封“跪求意愿点”的时候心想：这孩子都急成这样儿了，立马就给点上了。但是收到了十几二十封类似的邮件以后就无感了，发现“跪求”只是我们一种说话方式，然后就把之前点过的也给取消了。

很快，我们做学生的也发现了邮件求意愿点的坏处，毕竟哪怕是再好的老师也很难给所有人加意愿点的同时回复邮件告知。这样一来我们就无法及时调整意愿点，高一的时候这点不便还不算什么，到了高二，发现需要选的主科课骤然增加，意愿点也更加紧张，面子什么的成了我们最不担心的问题。现在每次选课之前，邮箱已经不能满足我们的需要，围追堵截变成最好的方式。上次，物理老师一下课就被源源不断的同学们堵在了电脑前，最终他抛下电脑，让同学们“自己把自己点上”才得以脱身。

## 高中生也有导师

之前也提到过，在北大附中我们是没有班主任的。但是学校不可能让我们一群未成年人完全不受老师的管理，在这种条件下，导师这种本来只存在于大学校园内的职位便应运而生了。在我们这一届以前，导师是由校园比较有资历的老师兼职。从我这一届开始，就有了专职导师，主要负责和学生定期谈话，并根据学生的学习情况给予一些建议。虽然导师设立的目的很好，但是我不得不说在北大附中，这项制度目前反响实在一般。

学校的本意，是想给学生一个倾诉的地方和对象，给予学生一定指导。然而，导师们虽然都是由不错的学校毕业，甚至还有国外回来的，但是大多学的是英语专业，对如何正确地和高中生谈心并不了解，而且由于刚刚上任对学校制度也并不了解。许多时候不但不能给予学生合适的帮助，甚至会给出一些可能适用于大部分高中，但放在北大附中却让我们哭笑不得的建议。所以对于大部分同学来说，每三周半小时的导师见面并不是什么愉快的体验，大概有一半的同学已经干脆不去了……

在北大附中改革的道路上的确有很多不受大家欢迎的变化，但是我们这里比较好的是，学生的言论有绝对的自由，我们面对任何不满意的学校制度都可以评价并进行建议。有些时候制度会随着学生的建议而改变。一个比较显著的变化，是在学校放假方面，原来我们三天小长假是正常放的，再利用之后的周末补课。后来，在大家的抗议下，改为了多数人更加赞同的清明、中秋、端午不放假。可见，作为北大附中人数最多的群体，我们这些学生话语权还是有一点的。

作为一个改革进行时的学校，制度是要与时俱进的。相信现在还不太完善的导师制有朝一日，也会变得让大家更好接受。

## 校服？No，no，no

任何一个工作日的中午，如果你到新中关、欧美汇、食宝街走一圈。一定会看到许许多多的中学生，这时候如果你辨认一下就能发现，红+白校服的是人大附的，黑+白校服的是中关村中学的。Emmm，还有北大附，当你看到那三五成群或者成双成对的年轻面孔叽叽喳喳地走过，那么恭喜你，你成功捕捉到了一群/一对北大附的。

是的，走进北大附中，乍一看和别的高中最大的区别大概就是我们这里几乎没有人穿校服。别误会我的意思，并不是说北大附中没有校服或者校服很丑，事实上，我和不少同学都认为从校服的角度而言，我们的校服绝对已经算好看了的。不过既然学校没有任何 dress code，我们也就爱穿什么穿什么了，自由自在。而且在这里，不仅校服不再是强制的要求，就连许多高中心心念念的“仪容仪表”也早已不复存在。只要你想，女孩子们可以化妆，可以染发烫发，可以穿高跟鞋，可以打各种洞，带各种首饰。当然只要你想，男孩子也可以，不过一般来讲，至少我见到的，男孩子至多也就是留个长发，或者染一下什么的罢了。

看到这里是不是已经脑补出了大家奇装异服的样子，是不是开始一边摇头一边想“不穿校服真是不行”？如果是这样，那我必须遗憾地通知您——您实在是想多了。实际上，对于青少年来讲，当你去掉了“违规”的刺激以后，真正想做那些事的人屈指可数。没有规定，但实际上大家穿得都很正常，t-shirt、牛仔裤、运动鞋，甚至有不少人都会在春秋披上那宽宽大大的校服外套。

没有许多人担心的学生不强制穿校服后产生的攀比，也绝对没有影响学习，甚至有学校活动的时候，我们还会自发地穿起校服，不为别的，只为那身蓝校服带来的学校荣誉感。相反，初中强制穿校服时，不少人会关心你穿的鞋是不是阿迪耐克，岂不是非常可笑。

高中，多么青春美好的年纪，为什么不能自由自在地寻找一个适合自己的 look。校服，本应是一个美好回忆与青春年华的载体，请不要让它成为束缚学生的工具。

## 不支持，不反对

“进展”这个词在字典中的意思是：向前发展。然而不知道从什么时候起“进展”

这一句在北大附中被赋予了新的含意。指的就是男朋友/女朋友。似乎来源是人们见面总喜欢调侃一句:"你们俩有什么进展啊?"不过至少从这个角度来看,在北大附中我们是拥有极大自由的。入学第一天王铮校长便在开学典礼上宣布了他对"进展"问题"不支持,不反对"的态度,也算是特立独行。

然而虽然一开始颇有几分不适应与怀疑,后来大家也就习惯了学校各个角落偶尔冒出来的粉红泡泡。就连老师们有时候也会和我们一起调侃两句。比如上次数学课上,老师偶然听我们提到每次拖堂时一个妹子的展就会来接她,老师就调侃着拖了几分钟堂,果然看到了那个男生如期而至,引得大家一阵欢笑。说实话,许多高中都会担心学生因进展问题耽误学习。其实从我在北大附中看到的来讲,这种担心实在有些多余,两个人在一起感情上相互扶持,学习上也相互促进,倒也未尝不是一件好事。比如说我们上一届的学长团总学长和总学姐,两个人都是学霸+体霸,在一起也算是附中的一段佳话。

当然凡事都要有度,偶尔秀秀恩爱,同进同出什么的大家接受度还是很高的。但是有些人整天在各种各样的公共场合搂搂抱抱的不仅有些有碍观瞻,还伤害了一大波单身狗们脆弱的心灵。所以对此,学校有一套严密的处理机制,包括同学投诉,学校审查和最终的警告甚至处分。这也就是我们北大附的办事方式,每个人都有绝对的自由,但前提是你的自由不能侵害到别人的权利。

## 成绩？可以商量

对于中国大部分高中来讲,是没有绩点这一说的。如果想出国,大概只要找学校随意编个 GPA 也就好了，的确是颇为轻松，然而这也是为什么外国大学对国内高中提供的平均成绩普遍呈不信任状态。当然铮哥是绝对不允许这种状况出现在北大附中的，所以至少从最近几届以来我们一直采用绩点制的。由于我们没有什么年级大排名，唯一算得上成绩评价的就是每门课的等级了。

所以也就出现了出国党疯狂刷绩点的热潮。至于我们这些高考党虽然对绩点兴趣不大，但总还有自主招生这么一说，所以多多少少也要注意一下。老师们大多也是非常善良的，如果你正好卡在某一等级边缘，那么去和老师说说，不少老师都会给你升上去。这倒是挺好的，每个人都可以受益，是件你好我好大家好的事儿。

但是如果做过了就未免有些令人不爽了。我们上烘焙课的时候老师说不能课上所有人都给 A⁺，所以就是出国党都给 A⁺，高考党随意给。虽然能够理解老师的好意和出国党对于绩点的重视，但是毕竟对于其他人来讲是颇为不公平的，虽然这是一门通用技术课，但至少也有制作好坏、上课认真与否之分吧，即便不分作品好坏，那么拿 A⁺ 的同学们好歹也应该负责值日吧。然而没有，明明做同样的事我自认为不比任何人差，却因为出国与否的原因等级比别人低，我不服。后来我去和老师据理力争，最后也是拿了个 A⁺，但总还是觉得有些别扭。

浅谈一下有关成绩的问题，不是想批判任何课或者人，只是想吐槽一下学习里众多“上有政策，下有对策”的现象。类似的事情在学校里实在不少。比如说研究性学习的问题我也不多说了。但是真的，北大附中条条框框的制度很多，可在落实上却多多少少有些欠缺。

## 校会，是全校大型集会

一直觉得北大附中的制度是颇为宽松的，课程都是自己选，没课就可以回家了。就连请假都是在网上轻轻一点就搞定了，哪怕是不小心迟了到，老师一般也不追究，自然也是没什么事儿。

然而，今天却遇到一件极其神奇的事情。话说某个周三，我找语文老师补课以至于稍微晚了一点，去校会迟到了 2 分钟左右。结果在门口被教导处主任捉了个正着。然后就和同样迟到的二三十号人一起被赶到了一个空教师里，由另一位教导处老师接管。接下来便是一通教育，说什么校会是北大附中的大型集会，多么多么重要，应该提前到场等云云。接下来就是让我们写检查！写检查！大家都十分诧异，毕竟一直都以为检查这种东西只存在于上个世纪 90 年代的小学，现在用在自诩是开放的北大附中，着实是神奇。而且更过分的是，如果检查写得不好连下节课都不让去上。北大附中对迟到的处理有明确规范，但是明显关小黑屋、写检查和要求学生耽误下面的课这几条都不在其中。更讽刺的是，每次校会都必然会拖堂 10 至 20 分钟，以至于所有学生都必然在校会之后的那节课上迟到。不过校会作为学校必修的公民课程自是没人敢申诉。众老师大抵也只是敢怒而不敢言地吐槽几句：校会迟到了要写检查，一般的课旷也没什么大事。当然虽说吐槽，但检查不写也是不行的，有几个人尝试溜走，最后也都被捉了回来，甚至检查写得不够“诚恳”也会被打回来重写。

北大附中主打公民课堂和西式自我管理教育方式，只是在这个目的是培养杰出公民的校会上，我却只看到了古板生硬的教育模式。也难怪校会和议事会在北大附中极不受广大学生的欢迎，我们曾经做过调查，让同学们为校会和议事会打分，满分 5 分，平均得分不足 2.5 分。现在看来也不足为怪。不过幸好，听说明年会大幅度缩减校会 & 议事会的时间，所以以后的学弟学妹们也就不会受到它们荼毒了。不错，知错能改总是好的。

## 知的作业

要说这知的作业，也算是北大附中力挺的公民课程的一部分，属于只要挂了科就拿不着北大附中毕业证的科目。虽然北大附中毕业证对于我们而言没有什么实际意义，但毕竟在这里待了三年，为一点鸡毛蒜皮的小事丢了毕业证实在是不值得。所以虽然大家对公民课程与知的作业都是深恶痛绝，但一般也被迫照做。

一般来讲，知的作业就是让我们对学校的一个问题发表看法，写 600 字，然后由书院总结在校会上汇报。我记得曾经做过一个有关语文、英语课的知的作业，明明我在学校这半年时候几乎没遇到过一个不骂语文、英语改革的同学，但最后统计出来的结果却是“支持”改革的学生在 80%以上。当时不少同学就表现出了对于数据真实性的怀疑，我们在底下也一直在议论学校把数据改得太厉害了。不过后来仔细一想，这数据应该倒也可以算做真实。毕竟我们中国人说话讲究委婉，哪怕是再讨厌的东西在反对之前也要稍微说几句好话，大概是这先扬后抑的小技巧被学校不小心理解成了“支持”了吧。

这是我们的第一次知的作业，经过这次以后，那些本想通过知的作业反映点什么的同学自然是大失所望。以后的知的作业自然也就不怎么上心了，15 分钟 600 字，为了凑字数尽可能地加长每一个形容词，完全不走脑子地在电脑上敲下一篇连段都懒得分的文章，就交上去，算是把作业应付了。

有的时候真的怀疑北大附中公民课堂的存在是不是为了培养我们的批判性思维的……但有的时候又觉得王铮的确培养出了一批个性鲜明的公民，只要不越过一条线成为“暴民”就好。

## 规矩是用来打破的

北大附中的制度一直属于改革进行时，我来那一年，最重要的改革大概就是语文、英语放弃传统必修课，变成了所谓的名著阅读。对于这种变化，大家基本都持怀疑态度。当时的我，担心大致有两个。一是怕影响语文学习，干扰了高考，这大概是颇为正常的。第二个就是可惜英语不能免修了，我着实有些担心所谓“名著”水平到底如何。

后来，事实证明我的忧虑并不是没有根据的。对于语文，倒是比想象中的强上许多，读《史记》，读《红楼梦》，读鲁迅，收获还是颇丰的。然而英语，我实在是无力吐槽了，高一的第一本是《少年派》，虽然我在语言方面并无天赋，但多少也读过几十上百本英文名著，可是以我浅薄的学识实在无法从这书的主题或是文字中看出名著的潜质。总之，不论是课程的难度还是书本的文学价值都很难让我满意。似乎，和我有相似想法的不只我一个。所以作为积极改变命运的新时代青年，我写了委婉的英文文章，向老师提出改变的请求。幸好北大附中一贯是乐于改变的，我给老师的建议得到了比较积极的回应。虽然之前没有处理过这种事，但学校很快就给出了解决方案。

这不，没过多久，各个班的英语老师就通知觉得自己能力够的同学去参加所谓“越级”的考试。简而言之，就是过了以后就可以选高二的英语课了。考试其实蛮简单的，好像就是写作，具体题目不记得了，反正挺开放的，我当时就是随便写了一篇小说。几天后，就愉快地收到了确认我选高二课的邮件，同样通过的还有明德的两位同学。考虑到这种课程是第一次开设，这种问题也是第一次遇到，学校的办事效率还是值得我们赞叹的。第二学段，我就和另两位高一同学一起，坐进了高二高级课《追风筝的人》的课堂。

然后，就开始按部就班地进行了一连两个学段的顺利学习。这次的课对于我来说虽然挑战性不大，但是至少阅读的作品合我胃口，教课的老师也让我颇为欣赏，在这里安利一下谭老师哦。

本来，到了这里就应该是个 Happily ever after 的结局了，可惜的是，在现实生活中一般都会有这样一个煞风景的“但是”。

对于我来说，这个“但是”就是高二初时来临的。高二选课之时，我就发现了一个神奇的问题——高级课都上完了，成绩不错，但学分还没修满。现在，去勉强自己上初级，中级课对自己和老师都是一种折磨，可是现在的附中英语是明文规定不能免修的。那么，我该怎么办呢？

当然是去为自己的利益奋斗了。首先就是找教导主任，结果教导主任让我去找英语组组长。找到以后，我们进行了愉快的洽谈，一开始老师觉得这是有规矩的，不好改。但是，我指出我们三个高一去上高二的课本来就是一种不合规矩的事，现在反而来用规矩束缚我们未免有些牵强了。

总之，经过各种讨价还价，我们终于达成了共识——我去集合另两个人的意见，统一意见，然后教导处会一起处理。目前虽然还没有结果，但是希望还是蛮大的。So... keep your fingers crossed for me。

## 未来学校

最近几年北大附中的改革虽然算不上完美，但好歹方向正确，也有不少学校跟风。当然我们伟大的校长大人不可能满足于这一点短暂的安逸。这不，一波未平一波又起，不过这次改革的矛头并不是指向我们的，也不知道是幸还是不幸。

我们准备在2016年9月开始建立一所名为未来学校的分校。这将把素质教育带上新的高峰，其改革的程度可以说是北大附中的北大附中。在这所未来学校中，学生不通过中考选拔，而是来自北京所有学校，每个学校推荐1—2个学生，也就是说每个年级至多有一个和你来自同一所初中的同学，来到这里，对每个人来说都可以算是一个全新的开始。而且，这些学生是不上初三的，从9年级就开始上四年制高中。既然比我们多一年，课程设置跟我们相比也有很大的不同，他们虽然是寄宿制，但大部分课程需要通过网络教学完成，学生上课时间灵活，空出来的大把时间将放在自己喜欢领域的研究项目上。那是一个会把高中生科研、高中生创新创业带上新高度的地方。怎么样？听上去不错吧，是啊，刚刚听说这个未来学校时我都有一种心动的感觉。

然而愉快的畅想之后，总是要回归现实的——高考制度一天没有改变，我们就不可能完全实现素质教育。无论高中阶段玩得多么高端，制度多么超越大部分大学，但最终12年级结束时，迎接我们的还是那颇为“应试”的高考。而如果高考出不了成绩，高中课程无论弄得多么花哨，高考党们的报考热情都会被担心所限制。如果终点没有改革，过程的改变很难被多数人接受，这很残酷，却也是现实。

Five

## 带我学习，带我飞

在北大附中每个人都不是孤立无援的，我们身后不仅有勤勤恳恳的老师们和可爱热心的同学们，更有一批一直陪伴在我们身边的天使们——学长团。

高一去郊区军训，是他们悉心地安慰着各种不适应的我们；面对第一次选课、第一次走班的迷茫，是他们不厌其烦地一遍遍向我们讲述规则，传授经验；当我们对未来高三备考充满担忧时，是已经毕业的他们通过微信公众号给我们分享经验、带来安心；高考结束，北清的自招前夕，是面临期末考季的他们挤出时间回学校给我们做模拟面试。回想起在北大附中的日子，才意识到每一次的快乐，每一步的成功，都少不了他们陪伴的身影。

当然北大附中的学长制远远不止学长团，更多时候我认为学长团那几十人背后其实站着千千万万北大附中学子。在这三年中，他们让我将“学长学姐”与“靠谱”画上了等号。让我无比清晰地认识到，无论年龄如何，无论身在何方，我们北大附中人永远是一家人。

三年里我早已数不清学长学姐们给我带来了多少帮助与感动，而早已成为学姐的我，也一直在努力把这份感动传给我的学弟学妹，这大抵便是学长制的精髓吧。

## 补裤子的学长学姐们

好不容易搞定了选书院等乱七八糟的事情，时间也已经临近八月中旬。很快就要迎来高一入学之前另一件可怕又糟心的事情了——军训。其实从小学到初中也经历了几次军训，但是一想到原来附中都是在学校军训，但我这届却因操场被挖需要远赴怀柔，也是蛮心酸的（北大附中操场在2013—2016年一直在修）。后来，到了地方以后才发现，原来还有一批人简直比我们好不了多少。他们，本可以享受舒服的暑假，却选择背着被褥和我们一起面对军营的各种辛苦；他们自己也还是孩子，却已经代替了老师，为一群懵懂高一新生指引；他们每天起得比我们早，睡得比我们晚，半夜还要经常起来站岗，这就是我们军训随行学长团的学长学姐们。

说实话我一开始并没有觉得他们有什么用，有事我找老师就好了要你们干啥，到了以后才发现整个附中300来号人只跟来了2、3个老师，而且绝对属于神龙见首不见尾类型的，反而是数量众多的学长学姐还比较靠谱。虽然我其实并没有什么问题需要他们的帮助，所以对他们做了什么并不是十分了解，但是后来从同学们口中了解到他们也是挺万能的。身体上，各种各样的小伤、蚊虫叮咬都由他们来处理；心理上，如果有同学有Homesick这种可爱的小症状相信他们也乐易帮助；生活上，女生的查房工作都是由学姐们承担，而我们劣质的经常开裂的军训裤子大多都是心灵手巧的学长们晚上熬夜补好的。

总的来说，整个军训过程中学长学姐们确实为我们做了很多，我也挺佩服他们的奉献精神的，也许明年这会儿我也会重新回到这里帮助下一届的学弟学妹们。

## 我身边的学姐

军训时学长团的学长学姐们虽然都很热情，但是他们毕竟事务繁忙，而且还有一层年级的隔阂，所以我并没有和他们有太多交流，而我军训时对附中的了解也主要来源于一位一起参加军训的学姐。这位学姐由于去年军训时不幸生病，为了那两个社会实践的学分只好和我们一起参加军训。说来也巧，在校园里排队时正好站在我后面，她是出国党，当时正在紧张地准备托福，而我虽然不准备出国，但是小时候也在美国待过，对此还算了解，也自认为英语不错，所以我们很轻松地就聊起天了，这不聊不知道，一聊才发现我们的读书喜好非常地相似，很多我读过的书她也读过。甚至我当时手中的那本准备军训期间读的原文书也是她的心头好。这样一来，共同语言一下子就多了，很快就没了刚见面的陌生，像老朋友一样聊了起来。

本来我还有些担心与一个陌生人一起坐 2 个小时车会尴尬，但是有了学姐陪伴，时间过得也就快多了。一路上我们随意地聊着书籍、人物、托福等等。我给她讲了一些美国的趣事，她也给我普及了不少关于附中老师与课程的信息，下了车以后，我们又很幸运地被分入一个宿舍，是邻床，这也给我们的交流提供了极大的方便。从她的口中我了解到北大附中有哪些艺术/体育课比较好玩；有哪些老师教课教得好；又有哪些老师最近到了更年期，最好绕着走。后来，我们有很大一部分交流都是用英语进行的。她因为军训后立马就要参加托福考试，需要练习口语，而我也很高兴有个英语不错的人来和我进行交流。

不过她由于考试的缘故，军训没有结束就走了，当时我们也互相留下了联系方式，后来开学也一直保持着联系，我甚至还加入了一个她开的研究性学习项目。现在想来，她应该算我在附中交到的第一个朋友，刚刚步入附中的我当时还是有许多迷茫和紧张的，还是非常感谢她当时以一个朋友的身份陪伴着我，以一个学姐的身份为我解惑。

## 在游戏中了解北大附中

漫长的军训终于在烈日炎炎下告一段落，可以乐呵呵地回家享受生活了。想得美！你以为北大附中能让一帮新生自己进行选课等重要事情吗？当然不行，所以我们还要参加为期五天的新生入学教育，在学长团学长学姐们帮助下进行选课，了解制度，熟悉校园。

虽然入学教育也要在校园里封闭进行，但是大家都没什么抱怨，毕竟刚经历完军训，对 6 人一间的宿舍、独立卫生间、可以下咽的饭菜和 24 小时热水还挺珍惜。一开始以为新生入学教育应该是一堆学长学姐们严肃地站在前面教育我们，没有想到其实大部分时间都是学长学姐们以小组为单位带着我们做游戏。理论上，这样的游戏都是为了使我们更加熟悉自己书院的同学，学会互帮互助，团队合作什么的。游戏嘛，基本上都是类似于“谁是卧底”之类的小游戏，但是学长学姐们能找到这么多种类也是挺不容易的，相信之前也是费了不少工夫。不过有些游戏还是有点欠妥，甚至偶尔还要求我们对一个游戏的结果进行检讨，反正我并不是特别享受。但考虑到他们其实也只比我们大了一两岁，没什么经验，而且也是一心为我们好，也就没什么好挑剔的。倒是有一个比较好玩的，就是一场附中里的定向越野，本来以为以我初中在这里待了一年的熟悉程度应该没有什么能难得倒我，真正玩起来了才发现，附中这座并不是很大的校园还是有很多地方是我这一年里并未了解的。特别是高中楼那边，我初中的时候一共也没进去过几次，所以这次定向越野我们组虽然没有赢，但我也着实收获不少。更幸运的是，在定向越野期间我拿着校园卡到处刷着玩，竟然给自己"玩"出了个柜子。这也帮了我个大忙，因为后来等我知道需要抢柜子时柜子们已经所剩无几了。

整个入学教育期间，附中除了后勤几乎一个老师都没有，完全由学长团负责管理，他们能把一切安排得井井有条真的很不容易。在这里，我也想说一句：学长学姐你们辛苦了！

## 传承

我们敬爱的王铮校长似乎一直对"传承"这个词有着莫名的执念。所以，我们有了书院制，有了书院文化，有了学长团。刚入学的时候，相信不少人和我一样，对这些看上去略有些形式化的东西嗤之以鼻。然而，两年后的今天，虽依旧对那些制度有所不满，但我也不得不承认，在不知不觉中我也接受了这种传承，并深深地为之感动。

前段时间，高考前夕，一楼的许愿板上贴满了密密麻麻的祝福，有高三同学对彼此的祝愿，也有学弟学妹衷心的祝福。高考后的几周内，楼下的小桌堆满了各种各样的参考书和笔记，这是北大附中的传统——每年，高二的同学会从高三学长那里低价买来需要的备考资料，而下一年，也同样会把有用的资料传递给下一届学生。我买到的一本语文笔记就是从上上届学姐那里一直传下来的。虽然不知道其他学校是否有类似情况，但是我认为这种知识的传递其实就是北大附中传承文化的最好体现。

之前我们还颁发了启明奖学金，这个奖学金是由1989届7班校友设立的，已经在附中持续了20多年。当然极度偏科的我自然与它无缘。不过颁奖时说的一句话还是令我为之感动：“我们很多同学20年前拿出自己的第一份工资设立了启明。它的金额自然比不上许多大公司的，但是我相信，只要89届7班还有一个在，启明奖学金会一直颁发下去。”突然间我意识到了“传承”不是一种形式，而是一种能把一个个不同年龄的人联系到一起的东西，而在这一点上，北大附中是成功的。

Six

# 老师，可敬又可爱

说起自己的高中老师，相信不少朋友都有些颇为美好的记忆，这点在北大附中也是不例外的。虽然在这里我们与每个老师相处的时间都相对较短，但我认为这并没有减少我们对老师们的美好感情，反而让我们有机会接触到了各种各样可爱又可敬的老师们。

由于北大附中是一所走在改革前沿的学校，我们的师资构造也趋向于年轻，所以崇尚自由的北大附中就出现了这样一种神奇的现象——衣着成熟、妆容精致的高三学姐，与研究生刚刚毕业的语文英语老师时常看起来别无二致。可想而知，这些和我们年龄相差不大的老师们很多时候真的能做到和学生没有代沟地打成一片。

不过说实话，最受大家喜爱的老师们却时常是那些爷爷奶奶辈儿的。胡奶奶的规定虽然颇为严格，但每天中午她的教室都被前来自习的同学们填得满满当当；虽然不是所有人都喜欢田径课，但说起史爷爷相信所有北大附中人都会会心一笑。这也许算是大家对“班主任”般的感觉的一种怀念吧。

但是不论是哪一科，哪一个年龄段儿老师，现在回想起来都是那样的亲切可爱。

# 终于见到铮哥

高一新生入学时，哪怕还连张照片都还没有见过，但是对王铮这个名字大家绝对已是十分熟悉了。不管是没进附中之前外界对这位改革到近乎“疯狂”地步的校长褒贬不一的评价，还是这半个月以来不时在学长学姐口中听到的关于“铮哥”的吐槽，都非常成功地在我的脑海中勾勒出了一个杀马特校长的形象。但是在入学典礼上第一次见到这个人时，我却无法相信他是那个一手促成北大附中一系列勇敢改革的家伙。他是一个普通的中年男人，个子不高，面带微笑，说话也出人意料的平和。

入学典礼上半个小时的讲话中，他没有宣传自己的教育模式，没有对学生提出冠冕堂皇的期许，甚至没有很多激情的话语，但是他平静的讲话却让台下充满质疑的学生和家长对北大附中增添了信心。他坦白承认，北大附中的高三就是纯粹面对高考的应试教育，这一年里并不指望我们学会什么，它存在的意义是为了迎合当今中国的教育体制。王铮把高考形容为一个“游戏”，既然是“游戏”，就要按规则玩，一年的时间，足够我们应对好它。但是如果把高中宝贵的三年完全用在这个游戏上，就未免有些小题大作了。高一、高二我们的任务就是好好体验生活，并从中得到课本无法教授的宝贵品质。面对高考，王铮并没有一味地批评，他选择了在体制内最大限度地减小高考对高中生带来的负面影响。高一、高二，他给我们创造了一片远离高考，可以自由发展的净土。在这两年内我们将得到许多中国高中生无法想象的青春自由。两年后，我们也许不是最会做题的，但是我们中大部分人都能学会合理安排时间，都能领导一个研究项目，写出一篇像样的论文，都能站在众人面前侃侃而谈。也许这些能力不是高考能够考核的，但是相信我，它们比相对论或者微积分对你以后的生活更加重要。

在北大附中已经一年了，自己身上的很多改变并不能用分数去衡量。很感谢铮哥为我们创造了一个分数不是最重要的学校。

## 论新老师这种神奇的生物

高二开学，这个学段乃至整个学期最令我感到兴奋的课大概就是C语言和微积分了。这两门课虽然与我需要修的学分并无关系，但是对于我本人来讲的确都是真爱。哪怕这个学段的课也都排得满满的——每周只有三门不算理科的课，但还是坚持不退。而且，似乎在附中，大家对微积分的兴趣都是颇大的，是少有爆满的大学先修课，当时是要付不少的意愿点才能选上的。

但是不得不说上完第一节我和大部分同学一样——被吓倒。我们的老师是个神一样的学霸——北大数学、物理本科双学位，接着攻读到北大物理系的博士，似乎是微电子方向的。有没有感觉到自己瞬间沐浴在学霸的光辉中？是的，这就是我们一整个班的感觉，然而，真正恐怖的并不是他有多厉害，而是他讲课的时候似乎认为所有人都有他的智商。第一节课上就在我们都没有课本的情况下给我们论证任意两个数之间必存在一个有理数和一个无理数。我必须承认当时班里至少有一半的人没有听懂。果不其然，第一次课后原本满员的课堂退得只剩十五个人了。然而我因为爸爸安慰我说："预习一下就好了"，也就留下来了。

不过几乎立刻，我就在"预习"上遇到了困难。老师要求预习的有关序列极限那薄薄的十几页书我基本上花了一整个下午才在爸爸的帮助下差不多弄懂。但是自学建

立 ε－N 和 ε－δ 的体系的确是颇为困难，没有北大数学、物理系或者中科院物理、数学所的家长做后援不建议尝试。然而在第二节课上我本以为老师会进一步拓展序列极限的定义和题目，可没想到老师在课上基本就是念课本，就连 PPT 上的题目都全部是书上例题，解题过程也和书上相差无几，让我感到实在无聊，以至于开始数老师的口头禅——他在一节课内说了二百个“对不对”和大概同样数量的“对吧”。

虽然对这位新老师的教学经验颇为无语，但是必须承认在课后问问题时老师讲得还是比较清楚的。而且当我们这个学期的课快结束的时候，慢慢发现老师的讲课技能已经有了很大提高，基本可以和一般老师媲美了。果然，学霸这种生物就是学什么都快。

## 老太太不好惹

高一时候教化学的曾瑶老师是名副其实的“新一代”老师。她走在北大附中改革的前沿，课上会有不少有趣的补充知识，课堂气氛也是一贯的自由轻松，让我们学得不错也感觉有趣。然而毕竟是要高考的，有趣自然不能是选老师的唯一标准，所以到了高二，我很自然地选择了经过许许多多的学姐学长们强烈推荐的楼丽英老师。

说实话，这两位老师的风格是差异颇大的，楼老师属于那种颇为老派的老师，要求很严格，不让玩手机(现在附中其实大部分老师都不管)。大概由于教过高三的缘故，对高考的了解很多，经常会向我们强调重点、技巧什么的。用智老师的一句话总结就是：“老太太不好惹”。

其实，我一直觉得她的气质和我初中的一位老师相似，在这里写大概也有几分回忆的成分在里面。总之,这种江南水乡走出来的七、八十年代女大学生一般的气质还真是萌萌嗒。

OK,言归正传。本来我一直以为老师课上课下都只有严谨到有些刻板的一面,倒是有个机会让我看到了她宽容的一面。十一之前,为了错峰出行,我自然地翘掉了一天课去愉快地玩耍了,其中有一节便是化学。后来回来以后在学校里偶然遇到老师,问起我请假的原因,本想搬出一如皆往"病了"的理由,没想到她紧接着就开玩笑般地对我说"出去玩儿去了吧?"结果我立刻就招了,还和她谈起来出去玩的趣事。气氛倒是出奇的轻松。由于课上坐在第一排,后来在课间偶而也会和老师说说其他课上的事儿,确实是一件放松的事。

在北大附中,许多老师并不比我们大几岁,虽然没有什么代沟,却也少了初中那种与老师颇为亲密的感觉。其实在遇到楼老师之前,我也许都不知道自己其实是怀念着这种感觉。但是现在我却能理解高三大哥们从预科部下来,找自己熟悉的老师谈谈心的那种需求。附中的改革不可谓不好,但有的时候的确少了几分传统教学中师生关系的温暖。

## 和 CQ 一起漫游在数学的海洋

总觉得北大附中现在的制度和以前的 NoeLani 颇有几分相似。其中最显著的便是所谓"铁打的营盘,流水的兵"——即高一的老师一直教高一,高二的一直教高二,这就意味着随着年级的上升,亲爱的老冯就要离我们而去了。本来,我们大家都计划好一起投入李宁的怀抱,可是计划永远赶不上变化,横空出来了个投靠附中的北医附,然后我们就怨念地看着传说中的李宁慢慢远去。至于剩下两个教高二必修数学的老师，一位被学长学姐们评价为“令人想睡觉”，另一个则是一位新来的老师，至于新老师的神奇之处我想也就不用赘述了。所以最终我和一众同学一起决定“弃暗投明”，从此踏上了数学荣誉的不归路。

的确，相比于必修课程，数学荣誉是有殊多不同的。其中之一就是极具个性的任课教师常青(她本人喜欢自称CQ)。北大附中注重选择，大家一般都习惯第一次课早早地出现在课堂占个好位置，然而第一节数学课上我们却是用抽签决定座位及分组。事后CQ的解释为:“北大附中让我们选的太多了，所以在我这儿大家就简单一点”。当时确实觉得颇为新奇，后来想想考虑到我自己也属于不是明德的必修狗，倒也是避免了不少尴尬。

接着说常青的教学方式，用老子的话说大概就是“无为而治”了。我至今认为起始课介绍过评是她讲课时间最长的一次课，在之后的日子里，我们的学习基本上可以概括为看书自学，组内抱学霸大腿，做学案，对答案，外加老师讲讲学案、卷子上的题。一开始确实觉得有点太浪了，害怕自己学习上跟不上。但后来慢慢也就觉得没什么问题，毕竟目前的数学必修也有不少同学被迫自学，好歹我这里还有一堆高智商的学霸队友可以抱大腿。

总之这个学段不说别的，在CQ与桑老师的联合教育下我的自学能力颇有提高，原来从不在课前翻开课本的我也在不知不觉中养成了预习的习惯。倒也算件好事，毕竟听说以后大学的老师都非常“忠于课本”。

## 遭遇智神

话说某一天，常青抱病在家，同学们倍感担心，问："什么病?"答曰："红眼儿病"。就这样，单智超老师成了我们接下来一个星期的代课老师。先说说他这名号怎么来的吧，话说"单"这个姓也并不常见，但偏偏北大附中前几年就来了两位"单老师"。另一位比他早来些，是教地理的单超老师。为了防止弄混，他自然而然的就成了"智老师"，至于本标题中的称谓，那就请各位自行感受了。

由于高一上的是数学必修，并没有机会听智老师的课，但是关于他的传言却是早有耳闻的。其中一件大家津津乐道的趣事便是他在课上大讲社会主义核心价值观。所以说，大家应该能够理解我一开始对这位老师的好奇。

的确在第一节上课前他就已经开始刷新我们对"神"这个字的理解，看到一个同学在写化学作业，他就立刻从我们现在学的勒夏特列定律谈起一直扯到物理上的盖·吕萨克定律，又扯到一些名字长得我无法复述的生物定律。最后，他还帮那位同学指出了一个错误，周围的小伙伴们都惊呆了。

正式开讲后，他的方式也是极为神奇的。语速极快，又略带河北口音，但听起来倒还算清楚，讲课时面部表情和肢体语言非常丰富，手舞足蹈的动作几乎要实体化为空间直角坐标系，永远眉飞色舞的神色让我一直觉得他内心里已经笑抽了。十八届三中全会期间，他在我们做题时翻出一则会议报告大声宣读，特别强调了有关全面放开二孩的政策，虽然他本人还并没有结婚。

班里不少人是从高一荣誉上来的，倒还算习惯，但是像我这样的必修狗已经惊呆了。不过最有趣的还是几位新加坡来访问的小伙伴，那表情，绝对是被吓到了的。

读到这里，相信大家一定能自行脑补出“智神”这个名号的来源了吧。

## 有个性的老师

个性鲜明是北大附中的培养目标，从某种角度而言，我们的确做到了。虽然算不上是个个不同，但是有特点的同学和老师确实是不少的。从学生来讲，有些人醉心于音乐，组建了一个又一个乐队，有些人痴迷研究航模，研究地质，开创了一个又一个颇有科学含量的项目。而老师就更是风格迥异了，有的上课手舞足蹈和学生打成一片，也有的板着脸说着冷笑话，把我们虐得痛并快乐着。而今天我们要说的就是这样一位极其有个性的老师。

我们这一届的北大附中的学生可能有没上过“唐诗三百首”的，但绝对没有没听说过国富大叔大名的人。这不仅仅是因为他一直稳坐语文组的第一把交椅，更是归功于他在我们高一时的奇葩事迹。当时正值学校的语文、英语课程改革，据说国富大叔由于对改革的不满挂了一批学生。虽然最后似乎得到了妥善的处理，但是我还是对他的课有些望而却步，所以到了今天才见到真人。说实话他和我想象的白发苍苍，略有几分迂腐的形象的确有不小的差距，大约四十多岁的年龄，说话不急但也颇为风趣好玩。而且他一开场便用一首自己写的古文和诗介绍课程，也实在令人有几分佩服。虽然我对古文没什么研究，但也觉得比现在网上许多古不古，今不今的诗文要好上许多。更有趣的是，整节课他似乎都在向我们传送“现在退课还来得及哦”的信号，不停地向我们宣传他的课业有多么辛苦等等，和北大附中众多迫不及待地希望招揽学生的众老师们相比倒也是颇有几分个性。

说了这么多,我的确对在接下来的一个学段里更深入地了解这位神奇的老师有了不小的兴趣,而且作为旁听生不担心分数问题也是挺爽的。

## 略论北大附中的辈分问题

相信大家在学生时代都免不了为熟悉的老师起上个外号,叫起来带着几分熟悉和亲切。在北大附中,也许是制度所迫,这样的外号是尤为普及的,似乎从许多届之前就有了这样的传统。谁也说不出最初是谁提出了,反正从我知道起,大家就都开始用了。

王铮校长是铮哥,教高一数学必修的张景山是山叔,政治的贾鸿飞是贾大爷。高一数学、物理的冯海君和金文力分别是老冯和老金;物理荣誉课的水爷;田径课上教过我们父母辈的史爷爷;和蔼可亲的英语胡奶奶。但是,若说“辈份”最高的大概也就是之前提到的“智神”了吧,人家可是神级人物啊。当然提到外号自然少不了教导处的周三石。总之,用常青老师的一句话总结就是:“你们这辈分怎么排的啊。”

其实仔细想来,这些有名号的老师也都是在北大附中“小有名气”的,上过他们课的,没上过他们课的基本上都能说出几件有关他们的趣事。比如说,老金同学的眨眼神功(据某个学长的不完全统计,一节课眨了 2 000 次)还有史爷爷那句经典的:“以后见到,可别给我装不认识啊”,贾大爷那宏亮的大嗓门,相信在北大附中大家都是耳熟能详的。每年开学,在新生论坛上都少不了他们的大名,当时的我,也是在新生的微信群和北大附中贴吧中了解到有关这些老师的奇闻趣事,最后在选择课程时,大概也多少受了些影响吧。

对于我们这样的学生而言，给老师起外号实在是没有什么恶意。若实在想要剖析这种心理，我认为可能更偏向的是对这位老师的认可才生出来的亲切的叫法。毕竟我们是绝不会为那些被我们认为是“没水平”的人起什么外号的，至少在北大附中，我认为老师也都不讨厌学生们送的这些“外号们”。

## 来自名校的老师们

不是我自卖自夸，但是北大附中好歹算是北京市重点，师资自然是不差的。上个星期，我们在校会上介绍课程，其中便有关于每个老师毕业学校的介绍。虽然，一直知道我们有不少老师出身名校，北大毕业的更是数不胜数，但必须承认我还是被老师们的高学历震住了。

先从我身边的几位老师说起，高一时的英语老师是哈佛的博士，化学老师曾瑶是莫纳什的博士，我的导师于山是剑桥心理系毕业的。另一位导师颜晓川曾在麻省、哈佛等名校读过若干工科学位。剩下的老师大概有一半是北大的、一半是各种师范毕业的。还有不少体育老师甚至曾经是得过奥运、亚运奖牌的退役运动员。要说我们为什么有如此优秀的师资，那大概就要归功于王铮校长了。话说王铮 2009 年开始改革的时候，有不少有资历的老师反对，使得北大附中不得不进行一次大换血，不少高端、厉害的老师就是这个时候引进的。

一开始自然先是感叹老师们的厉害等云云，但感叹过后，又不免有几分感慨和悲哀——明明都是最厉害的学校毕业的高才生，明明都追求到了众多学子梦寐以求的东西，最后的出路却只是回国做一名中学老师，甚至有的连正式老师都算不上，只是一个大部分同学都不屑一见的导师。当然，不是说做老师不好，只是一想到哈佛，我们总是会脑补出西装革履的各界职业精英，但是从未想过自己身边也有这等厉害的人，大概是每个人的选择不一样吧，我也没有权利用自己的想法评价别人的选择。

不过作为一名学生，有这样优秀的老师也算是我的幸运，自然要抓紧最后一个学段的机会多选选有趣的课。

## 老师们的竞争也很激烈

北大附中奉行双向选择，学生有权选择自己的课程和老师。一般的必修课倒没什么，所有课位与所有想选课的学生数量相差无几，既不会有学生选不上课，也不会有老师的课因人员不足开不起课来。但是剩下的语文、英语或是艺术课就不然了。由于大量采用北大研究生做语文老师，同时外聘大量外面的老师或在校学生做英语或艺术老师，北大附中的语文、英语、艺术课都是供大于求的，人气高的还好说，人气一般的就经常受到“开不起课”来的威胁。我偶然从一位老师那里了解到，北大附中的老师工资与开课的门数和人数直接相关，虽然薪资待遇不错，但是如果某个老师连续几个学段都只有一门只选了寥寥几人的课，那他的工作也就比较危险了。所以不少老师都会通过给予高分招揽学生，我之前上过的一门课就是大家做的无论多么烂都给的 A。更有甚者，我还听说有些课根本不用去上课，老师也不给记考勤，最后给的分也不差。这种做法的确欠妥，但实际上大家也都是迫不得已。艺术课很多，老师分给得刻薄，学生就不选，这就是事实。而作为学生，大部分都不擅长艺术，对它也没太多兴趣，为了凑够那 6 个学分，大家也是费尽心机，这类“水课”自然也是颇受欢迎。

## 教师迟到，我们怎么办

北大附中有规定，任课教师迟到超过15分钟，学生自行自习。这种事情我也碰到过几次，一般也就是等15分钟然后大家就散了，走之前会去教导处说一声。这倒是也没什么，一般都是因为补课，外聘的老师忘记要上课所致，大家都会四散到图书馆或者单活（单元活动室），老师也根本就不会来，自然是没什么问题。但我最近上的一门课却颇为纠结，这位老师似乎有迟到的习惯，反正迟到五分钟、十分钟的事儿他干过不止一次。

话说某个周二，我们照例在教室中等待他大驾。不过这次，十分钟过去了，十五分钟过去了，二十五分钟过去了，教室里一直没有出现他的身影，哪怕是微信消息我们也是一条也没有收到。已经过了规定时间，看老师没有现身的意思，我们便三三两两地离开了，大概一半走了，一半留下了。路过教导处，习惯性地进去吱了一声，便去了图书馆。后来确定了一下考勤没有出错，我就认为和往常一样没有大事。

没想到，那天后来老师在迟到了近半个小时以后还是来了，见到不少同学已经离开自然不是特别高兴，之后一节课上的气氛也是颇为尴尬。这本来倒也没什么，老师不爽是正常，我们走得也是理直气壮，至多有点不好的气氛，不过反正一个学段也没几节课了。之后我到教导处领证件的时候，又出了件不太舒服的事，教导处老师询问我有关那个迟到老师的上课情况，我支支吾吾地答了几句就走了，教导处老师也没太为难我。

后来询问也是老师的妈妈得知，教师长时间迟到属于比较严重的教学事故。所以还是有点担心那个老师，不过的确，把一群学生晾在教室里不仅不太合适，更是对学生安全的不负责任，就算有事耽误也应该通知一下大家或找个老师代一下吧。

## 再见 CQ

最近学校又把一名教高二必修数学的老师调去了师资本就颇为丰富的高一，取代他的是一名毫无教学经验的原书院指导教师。本来这和我这只荣誉狗并没有太大关系，我只是在感叹自己逃到荣誉逃得多么及时。所以在大家都在纠结如何选上张俊强的课的时候，我们正在愉快地和 CQ 讨论着加点，新的上课地点和将要开的自招课程。至少，在选课开始 3 个小时前一切都还是欢快和美好的。

然而在距离正式选课开始只有 2 个多小时的时候，我们收到了一条来自 CQ 的微信，告诉我们她因为调整工作的原因将不能继续带荣誉，甚至连自招课也不能开了。听到这个信息，我们的第一个问题当然是“谁来继续教数荣”，可惜这并不是一个容易回答的问题，不仅我们和 CQ 都毫无头绪，就连课表上任课老师的位置上都赫然写着“数学”二字。

一时间大家都颇为纠结，问学校，只得到“会给你们安排个优秀的老师”这样一个草率的回答。看看现在高二数学一片惨淡的师资，我们必须对学校对于“优秀”的定义有所怀疑。不过怀疑归怀疑，大部分荣誉的同学们和我一样都还是一边吐槽着“数老师”一边决定继续上荣誉课。

接下来的一节数学课上，气氛颇为压抑，大家都在纠结我们以后的数荣课将会何去何从，就连常青也失去了平时欢快的语调。桌椅也从原来拼拼凑凑的小组式坐法变成了规规矩矩的三人小桌，一时间原本熟悉的课堂也变得陌生了起来。

不过幸好，这样的气氛并没有持续太久。第二天我们终于有幸了解到了“数老师”的尊姓大名，似乎又是一个从高思挖过来的老师，听说还不错，不管怎么说，也算是有个着落了。

Seven

## 亲历五花八门的改革

改革永远不会是一帆风顺的，路上总会有失败的尝试，总会有反对的声音。我们是亲历北大附中改革的那批人，也许也是对北大附中改革骂得最厉害的那批人。身在其中的时候，总会觉得这个制度还有那么多 bug，可抽身离去以后蓦然回首，才发现失去的才是最好的。这大概是我以及许多人对附中改革最后的感叹。

这一节，记录的便是我身在其中对改革发表的一点感叹与抱怨。也许算不上最客观或是最准确，但却是一个亲历者，在经历改革中最真实的记录。

# 略论“荣誉”

到北大附中这么长时间，不免发现我们这里有许许多多的“荣誉”：荣誉课程、荣誉作业、荣誉导师、书院荣誉成员等等。总之不得不承认北大附中似乎特别喜欢用“荣誉”这个词，所以今天就来谈谈荣誉的意义。考虑到我并没有荣誉导师，而书院荣誉成员这事儿要等毕业以后再说，我们就先从荣誉课程谈起吧。

从我们这届开始，荣誉课不再是明德学生的特权了，而是开放给全校学生选择。作为开放的第一年，大家对荣誉课也都不甚了解，只知道是“面对在该方面有专业兴趣的同学”。然而必须承认，15 岁的我们大多对“专业”本身也只是一知半解。这样一来，有不少同学选择荣誉课只是冲着荣誉二字而已，仿佛选了荣誉课就能证明你比别人强多少似的。刚开始那两个学段，几乎身边每个人都有几门“荣誉”。一两门倒还好，但是那些一下就选了三四门的我实在是不知道他是如何排开课位的，毕竟荣誉物理、化学等课的课时都是相同内容必修课的两倍左右。像我这样因为种种原因一门荣誉也没选的同学反倒一度成了异类。

但是实际上荣誉课并不适合所有人，除了数学荣誉这种只要你是理科方向就可以来玩玩的课，其他的几乎都是面向以后准备在该领域有发展的学生。特别是化学荣誉，胡可隶曾经在自招说明会上放出“没上过我的化学荣誉和竞赛课，北大化学系的自招基本上就别想了”这种话，一个学期之后退课的同学比比皆是。数学物理的荣誉课和必修课进度相似倒还好说，但是面对化学和生物完全打乱顺序的教学方式，许多人实在是欲哭无泪啊。

前一段儿听到几个同学吐槽“荣誉”二字的误导性，表示当时觉得高端、大气、上档次就选了，现在蛮后悔的。的确有不少人是为了证明自己有能力而选荣誉课，做荣誉作业，却忘记了其实学习像许多东西一样，只有最适合自己的才是最好的。

## 人生不设限

似乎从很小的时候开始，我们就习惯于被分成三六九等。从小时候的“好孩子”“三好生”到后来初中的“实验班”，必须承认我历来是没有进入这样优秀集合的缘分的。

哪怕是到了北大附中，我的书院也和“学霸”“体霸”挨不上边，然而，在这里最好也是最特别的一点大概就是你的优秀不一定需要依托于一个优秀的集体。在北大附中，只要你想，谁都可以选择优秀。特别是今年，象征“学霸”的荣誉课和大学先修课不再只向明德的学生开启，书院四大赛事也不只是那些有特长的人才可以参加，只要你有兴趣，北大附中的所有课程、所有活动都向你敞开大门。现在没有人会限制你，除了你自己。

一开始的时候，我担心自己能力不够，一门荣誉课也没敢选，更别说大学先修、竞赛这种超纲的课程了。谨小慎微，生怕自己学不明白课内那点内容。然而，经过了一个有点太过轻松的高一之后，我意识到我实在是低估了自己的承受能力。高一，我算得上优秀，却始终没有融入卓越的群体。起初，我把这差距归结于处在“非学霸”书院的必然限制，但当我高二尝试着选了荣誉课、大学先修课，还开始跑去参加各种活动后，我发现自己适应得很好，做成了许多原来我坚信自己无法完成的事情。原来，处在什么样的书院从来都不会决定你会变成什么样的人。限制我们的也从来都不是所谓的“规章制度”与“能力缺陷”,而是每个人脑海里那个因害怕而生成,却还美其名曰“自知之明”的弦。

活一个不设限的人生,首先要过的大概就是自己心里的障碍。

## 有目标也要有梦想

在北大附中,几乎每个人都有奋斗目标。也许是为了来自心仪的大学的录取通知书,也许是为了下一届书院杯的优胜,又或者是在这一次段考取得个好成绩。总之,每个人似乎都有自己奋斗的目标。

然而在这欣欣向荣的表面下,一切并没有想象中完美。每天忙着刷 SAT 题的出国党,对美国各个学校的排名如数家珍,却从来没有花时间认真想过自己对什么方面真的有兴趣,一心指望着上大学以后前两年可以不选专业。高考临近,但大部分高三的学长学姐们都还让家长帮自己决定专业,想着只要进入一个好大学,专业并不重要。

其实不仅是我们学校,对于大部分中国学生来讲,梦想早已变成了俗套的命题作文中的一个名词,由于离我们生活太远而不受重视,反而是一个个或长期或短期的目标充满了我们的生活,可能小到明天得到父母的认可,也可能大到考上北大清华。大部分家长也是类似的,他们望子成龙,望女成凤,认为孩子只要认真学习就好了,至于梦想,大概早在童年阶段就埋没在了一大堆课外班之下。然而我却认为梦想与目标需要共存,只有梦想没有目标的人是失败者,他的梦想永远不会实现。但只有目标没有梦想的人同样是可悲的,他一直在努力却不知道自己为何奋斗。

最近网上有一句挺流行的话“人生不仅有眼前的苟且，还有诗和远方。”目标可以助你走出眼前的苟且，而梦想则可以让你脚踏苟且，却依旧心系远方。

## 在这里我学会了适应

一直以为，这个世界上最可怕的事情莫过于一开学就要面对段考，作为一名学生，我从小到大都习惯了期末考结束后自动调至“假期模式”，然后在之后的假期里忘掉前一个学期中接受的每一点知识，有的时候我觉得自己的大脑就像一个硬盘——原来的不清空，新的也就进不来。然而明显我们这种奇葩的时间安排完全与我的习惯相悖。

想一想，虽然期末能免受段考的折磨，但是整整一个寒假不能松懈的复习简直算得上是对人类天性的抹杀。不过幸好，大概是由于我放弃了一寒假安逸生活的缘故，段考的结果倒是让人颇为满意。而且由于寒假期间处于“学习状态”，虽然多了份段考的任务，但也干成了不少事情，相比于以往的假期，效率高了何止一星半点。本以为一上来就段考会是很累，不过幸好我前两天都只有早上一门考试，一考完就可以回家了，反而比平时开学时要轻松几分。本以为刚考完试，进入了“假期模式”，面对接下来的开学会不太适应，心里比较浮躁，没想到经过一星期考试的磨练，已经大体适应了学校生活的节奏，接下来开学便觉得轻松了许多，少了平时开学时那种十分疲惫，无法集中精力的感觉。实在算得上是意外之喜。

其实有的时候就是这样的，一个原本觉得无比困难的问题，在实际面对的时候却会偶然地遇到一点小惊喜。虽然北大附中有许多奇奇怪怪的政策，但是其实这些规定在某种程度上也锻炼了我的适应能力，算是因祸得福。

## 优秀与卓越

CQ调走了,数荣迎来了新的老师,听说是高思的金牌老师,极其厉害。有不少同学之前都在高思上过他的课,并且给予了他极高的评价,名不虚传,一上来他就给了我们份"见面礼"——一个快速求法向量的方法,之后的讲课也沿袭了课外班一贯的风格,紧密围绕高考解题,获得了同学们的一致好评。

然而这种学数学的方式却不免让我有几分担心与不喜,一个个方便解题的公式中并没有实际的数学规律;讲解算得上是细致入微但却缺少刨根问底的证明。一下子,数学仿佛变成了一个需要死记硬背的学科,仿佛只为做题而存在而已。可是,我一直认为题目只是构建数学体系的材料,并非数学的目的,我爱的是数学中严密的逻辑与完美无缺的论证,我喜欢数学公式背后巧妙的规律。可是这种应试数学却没有这些,一遍遍地刷题,总结解题规律,应用一下投机取巧的小公式,为每道题省下几秒钟而沾沾自喜,这真的是数学的本质吗?

也许,老师这么做是没有问题的。的确那些小技巧可以让我们快速地达到优秀,但是也就到优秀为止了。用大家都可以知道的技巧学习,也许你会是优秀的,但是没有自己的研究自己的思考,你永远也不会是卓越的。然而在数学方面,我追求的不是优秀而是卓越,所以我不希望用思维定式局限我的思维。

当然现在我也没有什么其他可选的数学课了,再者适当接触下这些公式与技巧倒是对加快高考答题速度有所帮助,对于我来讲也未尝不是件好事,反正,在北大附中我必须得学会适应各种各样的老师。

## 2017，被放弃的一届

现在北大附中高二数学一共有四个老师，其中有一位老师的课我没上过，在此我就不做评论了。但是其他几位老师的教学方式实在不是非常令人满意。也许只能算是个人看法，但我不得不承认对高二几位数学教师水平持保留态度。

其中一位数学老师本是书院指导教师，从未从事过实际教学工作，毫无经验，却因为高二多名数学老师的调走，紧急成为了一名数学老师，其教学水平大概不言而喻了。

还有一位数学老师来自高思，所以他带来了课外班的（不是给我上课的）通病——应试，不追求数学原理，让学生以背诵的方式学习数学。他喜欢在课上给出一堆解题用的公式，但是实际上，这些公式不仅没有任何代数或几何的意义，而且在做题方面也并没有节省太多时间，甚至可能增加因记错公式而产生的错误。同时作为课外班的老师，他的解题能力却实在不尽人意，每节课讲三、四道题，先不说有些题讲到一半就不会了，就是那些会做的题在黑板上板书解题的过程中也会出现不少的错误。各种各样的错误一般要等到底下的同学出声才会被发现。大概也是因为这个问题，每一道题解答所花费的时间都非常长，每节课在这上面花费的时间加起来大概都够多讲几道题了。

而现在正在教我的老师总还是比上面那两位要好上不少，但是时常把自己挂在黑板上的情况也实在令人有些担心。某次上课时他做题到一半便不会，最后由于下课时间临近，他只好通过小猿搜题得出答案。

所以我不得不说，学校在花费大笔时间和金钱组织各种各样的课外活动的同时，可能还是应该花点精力注重一下师资这个最重要的事情。

## 为什么北大附中不出状元了

前几天上桑老师的课，他说了一段话让我颇有感触。具体用词不记得了，但是大致意思是：北大附中现在诱惑太多，许多人高中忙着干大学的事，最后的结果却是无法上个与自己水平相仿的大学，到时候又会不适应。的确，不少老牌的老师都会时不时地在课上感叹北大附中的“堕落”。所谓改革确实是有不少可取之处，但高考向来只看结果。而不可否认，近几年附中的成绩是每况愈下，十年前的辉煌再也无法复制。

为什么会这样呢？我同意桑老师的说法——我们花太多时间做了太多没必要的事情，导致正经上课的时间被一再压缩。高一还好，高二许多老师却在抱怨“三四个月的课非要两个月讲完”，必然有许多问题没有落实，留到高三。高一、高二两年我们要上 2 880 课时的课，能和高考扯上关系的只有三分之一左右。作为理科生，我们用来学习理科的时间(课时)不到一般学校的 70%。然而讽刺的是作为理科生，我们花在文科上的时间却是其他学校的 170%以上；花在艺术上的时间是 150%；花在体育上的时间是 133%；花在学校事务(校会 & 议事会)上的时间是其他学校班会时间的 300%。当然体育与身体健康有关，颇为重要，可以暂且不谈。那么其他三项不得不说有些本末倒置之嫌。现在我们的物理、化学基本上都是讲得极草的，磁场这一整章一共只有一个星期(两节课)的时间讲述。不是老师不想好好讲，也不是学生不想仔细学，我们中许多人其实都愿意放弃自习课或其他休息时间系统地学习，但是这些美好愿望都破灭在了一句“校长不许”下，最后滋生的只是“学而思”——为北大附中设计的补习班，生意似乎是很不错的。

我不想批判附中的改革，毕竟自己也是受益者之一，这里的许多制度也让我感到如鱼得水，然而凡事过犹不及，在我们努力请来各种冠军的体育、艺术老师之余，是否也应考虑一下在一个最像大学的高中度过两年，会不会让我们落到一个连高中都不如的大学。

## 改革急刹车

北大附中一直是处于改革的前沿的，就在我们入学的那一年，又迎来了一项意义重大且备受质疑的改革——语文、英语必修课改为经典阅读，而且不许开设必修课程，明令禁止老师在课上涉及高考内容，甚至连语文、英语的段考都省去了。政策一出，骂声一片，甚至有老师因为不满政策故意给学生低分。当然，我不是在提倡这种做法，只是想体现一下大家反对情绪之激烈。

但是北大附中如果能如此轻易地妥协它就不是北大附中了，一年半以来，陆陆续续地做了几个小妥协，比如说段考恢复了，老师们从禁止涉及高考内容变成了必须涉及高考内容……虽然不开设必修课的主旨还是没变，不过可以看出原来的改革在不断地回缩、瓦解，不过动摇伟大的课程委员会信念的最后一击最终来自这一届的高三。距离高考还有半年，就连我们改革的先驱者们也都必须承认我们现在的语文、英语学习模式不适合高考。我相信，他们在汇报时用的原话是："和预期的水平与高考要求的标准差距太大"。特别是英语"和往届学生比相差很多"。

终于在铁一般的失败下，疯狂的改革向理智妥协了。我们从下个学期开始将重新开设与高考对接的衔接课程。听到这个消息大家自然是高兴的，但是对我们这一届来说，这个决定来得太晚了。木已成舟，伤害已经造成，从来没有质疑过改革就会有牺牲这个事实，但是当自己成为那只实验室里奄奄一息的小白鼠的时候，任谁也不会高兴的。改革对有些人来讲只是一句话，对我们却是决定性的伤害，在改革的进行中我们没有选择的权利，但是出了问题我们却要为一切失败买单。这是否有几分不公。

## 我们用脚投票

大概是从去年北医附中并入北大附中开始吧，我们开始把大批量经验丰富的优秀老师送往各个分校。什么北医附、天津分校、石景山分校等一大堆我连名字都不知道的分校们。虽说北大附中优秀的师资不少，但也架不住这么大方地一个一个送走。更可怕的是派走的老师还不是那些刚来几年的新老师，反而是那些已经在北大附中待了十几年甚至几十年的资深老师，这些老师在学校历来是极受学生欢迎的，而他们的离去也算是引起了民愤。可似乎是为了什么优秀教师资源均匀分配什么的，学校坚定地继续调走老师。不过好在在北大附中堵不住我们的嘴，私下里，不少同学都已经对各种分校颇为怨念。暗地里也经常互相议论说“把那么好的老师调到分校又有什么用，反正也出不了几个北大清华的，留在本校说不定能发挥更大价值呢。”

当然好的老师都走了，我们这边也不能没人教吧。自然就来了一批刚出校园没两天的老师们。我毫不怀疑他们一定都是极其优秀的老师，至少十年以后会是。但是现在，虽然他们都是名校毕业，专业水平无可质疑，但是那讲课水平我只能说，让我认识到了讲课是个熟练工种。新老师是什么样子，不仅我知道，全北大附中的人都心知肚明。

今年,高二来了两个新物理老师。不过似乎他们的课基本上没有一门能开,因为都没选够十个人,甚至他们开的好几门课都出现了 0 人选课这样史无前例的事情。反观陈老师和姜阿姨的课,基本上都是 40 多个人抢 30 个课位。有些抢不上课的同学宁可搬小板凳去旁听,也不愿选另两位新老师的课。这大概也算是我们的一种无声的抗议吧。

## 我们骂,因为我们在乎

也许北大附中的学生会是你遇到的对学校意见最大的中学生。走在校园里,你经常能看到学生们三五成群,热烈地讨论着什么,这时候多半便是在声讨学校的某个新做法。的确,几乎从开学的第一天起,我们就学会了尖锐地批评学校的每一个决定,大到整体的改革路线,小到教室里的中央空调开得太热或太凉了。毕竟众口难调,每一项改革,每一个做法都会引起一批人的不满。甚至因为一点小事就能让学生把联名上书的邮件发到校长的邮箱里。

然而学校对我们的行为不仅不阻止,甚至还加以鼓励,这在大部分中学里是闻所未闻的,甚至在许多大学里这种程度的自由也是少见的。也正是在一届届学生的骂声中,北大附中成长了起来。改革会因我们的抱怨做出调整,经过深思熟虑的决定也会因我们的不满而取消。正是在这一次次调整与改变中我寻找着素质教育与应试教育的平衡点。诚然,我们现在还不完美,但我知道,我们在变好,而对我和大部分同学来讲,这就足够了。

现在不少中国老师会被这样的问题困扰：为什么我们的孩子会变成毫不关心学校事物的"书呆子"。也许这是因为在自己的希望与建议一次次石沉大海后，我们选择了放弃。比如说我在初中的时候就是这样的，当年有一项抄写的英语作业，对于小学六年级就在读原版莎世比亚作品的我来讲这显然没什么意义。我一次次地努力向老师反映，甚至写了近1 000词的文章论证为什么我不应该写这个作业。然而，我得到的回答是"不能搞特殊"。诸如此类的事情数不胜数，相信每人都多多少少有所体会，我也就不一一赘述了。但是正是这一条条死板的规定让有想法的少年们心灰意冷了，不再尝试改变学校，只是努力让自己相对舒服，再也没有过问过班级活动。然而同样的问题在北大附中，结果却是截然不同的，入学第一学段，我向老师提出了自己对强制的太过简单的英语的不满。一个学段后，我就被调至高二英语班，得到了更适合我的教育。

Eight

# 高一高二杂记

哪怕在一个神奇如北大附中的高中，总也还是在上高中，因此也就还会有一些与普通高中生相同的事件和困扰。比如友谊，比如团队合作，又比如文理分科。

这里记录的都是一名普通高中生那些普通的事情，想努力展现的，是北大附中如何用它的各种奇葩将这些普通也变得不普通。

## 我的朋友圈

在北大附中，几乎一切都是随着选课而流动的，班级、同学、老师甚至朋友都是不固定的。假如你不愿意迁就朋友选一样的课，就基本上要做好第一学段关系不错的朋友，到了第二、三学段就因为没有重课而变成点头之交的准备。所以，哪怕已经入学一年，不住宿的孩子们，还是有不少处在独来独往的阶段。一个学期以前，我也是这样的，倒不是没有朋友，只是都没有熟悉到同进同出的地步罢了。

在第三学段我才差不多算是找到组织，具体组织是如何形成的，大概就是我和俩小伙伴在图书馆霸占了一个桌子，然后就不断地有其他人凑过来，很快就坐满了一桌。不知从什么时候起，我们六个开始每天固定地坐在图书馆3层靠窗倒数第2个桌子旁；开始每天中午下课都回趟图书馆，等大家一起去吃饭；开始记住彼此的生日，并适时地送上礼物与祝福，开始习惯性地在议事会上帮没到的人占座。说实话，单从学习和做事效率上讲，和大家在一起可能不如我一个人时高，毕竟你一言我一语的，并不是十分清静。但是许多时候，有几个朋友一起出出主意吐吐槽也是挺好的。比如说我，擅长理科和计算机，而有一个小伙伴擅长文科和艺术，我们俩经常互帮互助，那效果绝对是事半功倍的。再比如说，选课的时候，大家都在努力收集课程、老师信息，这时候有几个人能信息共享一下也是不错的。

总之，北大附中的制度虽然能让我们结识更多的同学，但也在一定程度上阻碍了我们形成较为稳定的友谊。但是人毕竟是社交动物，人际交往也是高中必不可少的一部分，所以建议以后的学弟学妹们在军训和新生入学教育阶段多交朋友。那个时候最容易交到长期的朋友，亲测有效哦。

## 教师节，回去看老师

开学第二周，9 月 10 日，教师节，历来是回母校看老师的时间。原来，我对教师节一贯是无感的，至少初中时完全没有回北大附小的习惯。但是，对于我的初中——北达资源我还是有一种类似归属感的感觉，对曾经的老师们也还是颇为尊敬和喜欢的。所以，9 月 10 日下午放学后，我就和北大附中的六个初中同班同学一起回到熟悉的母校。

又一次穿上熟悉的蓝校服（其实附中的校服也是蓝的，只是色调略有差异），步入曾经走过几百次的校园。依旧是灰蒙蒙的教学楼，依旧是颇为狭小的操场。但是当再一次看到一个个曾经的同学站在盛开的玉兰花下，却有一种非常温暖的感觉。大半个班的同学都回来了，大家一起跑上跑下，兴奋得像一群幼儿园的孩子。努力地找到原来的每一个任课老师，聊天，玩闹，仿佛又回到了初三的时候。和大家一起回到原来的教室，门口的牌子依旧写着“初三 4 班”，但是教室的主人已经不是我们了。在教室的黑板上给并没有见过的学弟学妹们留言，想象着他们现在正在经历着我们一年前的体验。到化学办公室找到曾经的班主任，作为化学老师，我们亲爱的郭老师可是常年战斗在中考一线的。依旧利落的短发，依旧是火红的衣服，但是现在已经是初三 6 班的班主任。想着还是略有些惆怅。

转眼间，又过了一年了，临近下一个教师节，还是挺想再次回资源的，但是转念一想，又有些犹豫。曾经的初中生活，已经离我们越来越远了。母校和班主任已经又送走了一届学生，总感觉今年的教师节已经变成了他们的天地，我们再回去已经没有位置。所以，也不知道今年会不会回去了，大概会问问同学吧。

## 文理，是否是一道分水岭

在别的高中，高二是要求分班的，按照文理、按照成绩等等。当然在北大附中由于没有班级，上述说法自然是不成立的。其实对于我们来讲文理分科是极其简单粗暴的，没有需要学生和家长共同填写的申请表，没有老师关心的谆谆教诲，甚至连学校都没有发一封邮件告诉我们文理需要选什么不同的课。我们对于一切文理课程不同上的认识基本上都来自于学长学姐们的经验。这一听就是颇为不靠谱，作为我这种属于大多数的理科生还好。但是听说人数比较少的文科生中的确有人因为不了解文科高考、会考需要哪个模块的知识而“选错”课……

好了，接着说分科，其实只要在假期选课的时候选理科需要的课程就是理科生，反之便是文科生了。而所谓的登记也只是在领书的时候在签名后面注上个“文”或“理”就算定了下来。我的一个不错的朋友是学文的，本来觉得没有什么，哪怕我们没有了学科上的重叠倒也可以一起选个语文、英语什么的。但是后来，却慢慢地发现现在还是一点点地疏远了。

坐在一张桌子上，我在做数学题，推导公式，她在写政治学案，研究古罗马历史，相对无言。我想与朋友讨论各种各样的语言和代码，她却慢慢更加喜欢探究希腊神话中的人物。然而，就像我没有读过太多历史一样，她也无法理解成百上千行代码中蕴含的艺术。同样读着鲁迅的文章，她能理解到作者的各种暗喻和暗讽，而我却只读到了一只哈巴狗。

不知道这到底是我们,或者说我的个人问题,还是随着文理分科产生的普遍性问题。但是我知道我并不想失去这个朋友,也许因为身处北大附中这样的环境,谈得来的朋友尤其可贵。我们大概需要在新的环境下做出改变,建立新的平衡。

## 救命啊！水痘来了

心智训练活动算得上是我们学校的一个特色。一个周末,住在学校,在学长学姐的帮助下通过小游戏的方式学会信任他人。的确,考虑到我们走班的现状,这是一个拉近同学关系的好方式。然而对于有 trust issue 的我来讲,蒙着眼睛被推下高台,指望着底下那些几乎陌生的同学不会让我摔出脑震荡实在不是一件值得期待的事情。所以,我是没有去过的,不过听参与过的同学回忆,的确有人留下了不少美好的回忆。然而这并不是今天讨论重点,重点是在上周心智训练期间暴发的水痘。

密集的住宿环境,众多需要亲密接触的游戏和一例传染性极高的病毒加在一起你就得到了暴发的水痘和全校性的恐慌。周一的时候,只有 1、2 个病例且均出现在国际部,本部同学表示毫无压力。周二,多出了 4 个病例,均在本部,部分同学开始慌张。一时间有关水痘的知识成为了学校的热点,不少同学已经对水痘症状、传染性等了如指掌。当天下午学校宣布校会、议事会等人员密集的课程暂停,住宿生回家。然而作用甚微,目前病例已近十例。

其实水痘暴发并不可怕,但是值得质疑的是学校处理这件事的方式与态度,这次水痘是由一位号称两周前已经“痊愈”的国际部学生引起,首先学校没有进行合格的检查便认可该同学恢复上课，甚至住进宿舍本身就是很有问题，甚至可以说是这个事件的元凶，而且在水痘暴发后学校除了两封告知停课的邮件后再无任何官方说明。没有公布感染人数，没有对任何可能感染的同学进行检查，甚至连致歉或者基本情况告知都完全没有，使得各种各样传言在学生群体中流传，造成恐慌。

事件仍在进行中，但必须要说目前我对此事的处理非常失望。而且此事与我校散漫的后勤管理脱不了干系，希望平时饭菜里的头发丝、带着泥的土豆也可以借此机会有所整治。

## 什么是主流

大家有不同的喜好，这是必然的。至少在北大附中，似乎也是颇为鼓励的。然而这个年龄的高中生多少还是有些流行规律的，在这种时候我总是觉得自己有些格格不入。

就比如说娱乐选择这方面，我不看动漫，不看综艺节目，电影只看熟悉书籍的改编作品，而电视剧只能接受一类并不算热门的美剧或英剧，看书倒还比较杂，但问题是我对当今流行的网络小说也没什么兴趣。综上所述，大家大概能体会到我诡异的状况。许多时候同学们在一起，特别是女孩子，似乎都喜欢聊聊我没听说过的明星和我没看过的节目，大部分时候，她们谈论自己“男神”“女神”时的热情是我完全无法理解的。幸好，我有一群不追星的朋友，所以我的耳朵暂时不用接受这方面的“荼毒”。然而她们也大多对日本动漫比较感兴趣，两个或更多人一起讨论自己喜欢的动漫和人物时，大概可以想到我插不进话的。

一般来讲，我是不大介意别人谈论它们的。虽然我自己不感兴趣，但是别人的爱好也应该尊重。再者和我在一起的人大多也不是那些过度狂热的人士。然而最近和两个妹子一起到外地参加比赛，就听她们各种节目、各种明星、各种男神，完全都是我没听说过的玩意儿，自然成为了三人行中被孤立的那一只。莫名的有些惆怅，开始问自己是否应该尝试了解一下那些“大家都喜欢”的事物。但我历来是极讨厌强迫自己做不喜欢的事的，但是如果不这么干就总有几分被 left-out 的感觉，纠结啊。

但仔细一想我又否定了这种想法，每个人都有感兴趣的领域，哪怕是最亲近的人也不可能喜欢的东西和你完全一样。幸运的是，在北大附中走班制让你总有接触到不同的人的机会。我可以和微积分课上认识的朋友讨论数学定理的证明，讨论我们在都感兴趣的计算机课上编程上 debug 的崩溃；我可以和《史记》课上谈得来的小伙伴从刘邦项羽聊到欧美惊悚文学；我还可以和在西藏碰上的同学讨论羊卓雍错的美丽。他们每一个人也许都不能算得上是完全合得来的朋友，但是，和不同的人有不同的共同语言，在这里，大部分时候，无论我想聊点什么都能找到聊得起来的朋友，这不就足够了吗？

## 论好队友的重要性

在这个没有自招分数就很难进北大清华的年代，一只不搞奥赛的小学渣表示压力山大。但是幸好我们学渣要有自己的办法，一些不经意间插下的柳条，最终也可能长成大树。这不，上学段上建筑设计课的老师前几天找到我，说有个全国模型比赛的机会，如果愿意可以拿到名额，我自然很是高兴，由于要参加的是团体项目，便和老师选出的另外两个妹子组了队。

一开始的确是有几分不爽的，我本身是一个强势的人。特别是到附中以来的这一年多，更是习惯了无时无刻不展现个性的方式，越发不习惯别人的质疑。显然，组里的另一个人和我有相同的性子，两个人在一起，谁也不愿意妥协，我毫不怀疑，中间有好几次如果不是因为比赛需要三个人，我们早就吵翻了。但慢慢地我却必须承认，虽然有分歧，虽然有争吵，但我们有着共同的目标——要取得好成绩。为了这个目标，我们愿意将一个个中午、晚上，甚至周末奉献给没有信号的地下室，我们愿意拿着没做完的工作回家继续思考。而对我来讲，这就够了。

最后，我们的作品无疑是精美的，独特的设计和别致的制作让我们的作品成为众多沙盘中一道靓丽的风景线。我们拿到了全国赛的第一名，当一大早听到这个消息时，我们都睡不着了，聚成一团蹦蹦跳跳地欢呼。之前的两个星期里可能有过的问题或矛盾在完美的结果中迎刃而解。

我相信最后的成功是我们三个人共同努力的结果，是我一个人无法完成的。这次的比赛不仅让我意识到了好队友的重要性，更让我得到了两个很好的朋友。

## 老北京雾霾，还是熟悉的味道

不知道从多少年前开始，北京人已经慢慢习惯了每年冬天灰蒙蒙的天空。也忘记了是从什么时候开始的，空气净化器成了居家旅行的必备之物。反正至少我小的时候还是有蓝天的。说实话，一开始大家，至少普通市民，都不甚在意，戴个口罩，该出门还出门，甚至我们的 800 米也是照常跑的。有一次由于严重污染，北大附中初中部停课，最后反而获得了教委批评大礼包，最终这个勇敢尝试以周末补课告终。

然而两年以后的这个冬天，在一次尤其厉害的雾霾爆表后，红色预警终于被提上了日程。在之后的三个星期内，我们迎来了7天的红色预警，5天中小学停课。作为学生，大部分同学面对放假自然是极其高兴的，但还是不免要担心那些落下的课程，特别是在课时尤其紧张的北大附中，更是有不少同学表示对停课是拒绝的。

于是放假在家，理论上是要“停课不停学”，实际上二者应该是都停了的。不是说使用红色预警保护中小学生不受雾霾侵害有什么不对的，但是行动应该建立在了解情况并有充分准备的前提下。现在的北京大部分家庭都是双职工的，无法在家照看孩子，在这个时候不上课，只会让父母被迫把孩子带到单位，不仅不能减少雾霾的吸入，还落了不少课程。而对于我们这些高中生来讲，虽然可以自己在家，但是我的课时本就是极其紧张的，而在网络教学的问题上，我敢说90%以上的学校没有完备的预案，实施起来更是无从谈起。

努力治理北京雾霾没有错，但是在许多制度、规范都还不健全的情况下盲目开展的确对市民的正常生活带来了诸多不便。而且重点是，每次发红色预警的时候外面虽算不上晴空万里，但PM2.5含量也就是200～300左右，然而每次红色预警结束，雾霾就“如期”到来，而我们也一如既往地在上千的PM2.5中上课。

## 北大附中冒险记

学生时代，要是没逃过几次课几乎都不好意思往外说。我向来不算是一个乖乖女，原来在初中都是班级制，自然不好逃，现在都是选课制，没有固定的班级了，这样好的机会我又怎能放弃呢？当然我也有自己的分寸，翘的都是那些被众同学评价为“劳民伤财”的议事会和校会。

话说某个周三校会要进行戏剧节颁奖，要占用大家40分钟的中午时间，引起众多老师与同学的不爽，特别是一些中午有开竞赛课的老师犹为怨念(竞赛课在午休时间上课)。不过一些细心的同学已经发现了一个令人愉快的现象——颁奖时大家不是按一般考勤的座位坐而是按书院坐，所以不记考勤，于是我和我的小伙伴们就准备利用这个便利翘掉这节校会。一切按计划进行，我们顺着教学楼最西边一般没有人走的楼梯走到三楼，准备找一间空教室。没想到由于全校同学理论上都应该在参加校会，大部分教室都是锁着门的，甚至连楼道里都有教导处老师巡视。听到脚步声，我们飞也似地窜回了楼梯，下面的校会已经开始，而我们还没有找到一个安全的地方。我们先去了六层的艺术教室，结果似乎被隔壁老师听到，老师疑惑地通过玻璃门张望，我们赶紧贴着墙站好，大气也不敢出。等他终于走了以后，我们自然不敢再呆下去，经过一番激烈的讨论，我们决定冒险逃到初中楼，这就代表要经过一段旁边教室里坐有老师的楼道，不过考虑到大部分老师没有向外张望的习惯，所以我们决定冒这个险。

经过批改作业的常青，经过趴着休息的陈庭礼和与小孩玩耍的曾瑶，正当我们认为大功告成准备下楼的时候，却听到底下老师上楼的声音，附近没有好的藏身之所，我们只好钻进了旁边的卫生间。不过很快我们就发现这是一个错误的决定，三个人和三个书包挤在一个小小的隔间里本来就不太舒服，特别是当有人进来时，我们都在那僵硬地努力不发出任何声音。

最后我们终于有惊无险地跑到了地下室，找了个没有人的角落开始自习，愉快地完成了翘课的“首秀”。

# 玩转高考游戏

Nine

## 慌张地闯入高三

打过针的人应该都知道，打针最可怕的不是针头扎进皮肤以后的疼痛，而是看着那明晃晃的针头一点点一点点地向自己逼近的过程。这其实和我们这些自由散漫惯了的高考党面对预科部是一种心理。

步入高三前每一个人都听到了不少关于预科部的“传说”：什么预科部每天都要考试，什么预科部周六还要上课，什么预科部每天晚上上课上到 9:30 所以大家都要住宿……估计对于大部分高中生来讲这些算不上太大的事情，但对于习惯了每周 N 节自习，不到五点就放学的我们而言，这简直就是人间地狱。更别说这地狱门口还守着面目狰狞的刻耳柏洛斯——分班考试。

可以说，随着高二的时光一点点地缩短，空气中都能嗅出紧张的味道。

不过实际上这些紧张和焦虑几乎终止在了进入高三的第一天，17 岁的我们适应能力都是很强的，而轻松愉快了两年的我们倒是也不缺干劲。这不，一入高三，你追我赶的学习劲头还是颇为喜人的。

## 高三将至

之前选择大学不出国虽然是多方考量的结果，但多少还是有高一高二不想受托福、SAT 困扰的因素。就这样我轻松愉快地度过了高中的前半段，不用像出国党们一次次地奔赴香港考试，不用为了绩点一个个请求老师加分，但凡有点什么事都可以用一句“到预科部再说”来解决。

一直觉得高三、预科、高考什么的离自己很远，虽然经常挂在嘴边，心里却觉得远在天边。高一的时候，觉得中考才刚刚过去，高考还远着呢；升入高二，我也并不着急，毕竟离高三还有一年呢。可是自从进入上个学段开始，突然觉得高三竟然如此近在眼前。仿佛一下子我们所干的每一件事都被打上了“最后一次”的标签。最后一次戏剧节，最后一次篮球赛，最后一次历史课，最后一次选课。高一还没入学之前坐在电脑前忐忑进行第一次选课的画面仿佛还在眼前，而现在我却已经完成了最后一次选课。莫名地有一种对过去的惆怅，更有对未知的未来的恐惧。

北大附中虽然崇尚“学长文化”，但是相信我，没有太多预科部的学长学姐愿意在他们的百忙之中抽出时间为底下的学弟学妹们排忧解难，所以对于我们来讲，预科部就是前方黑暗的洞穴，因为没有了解，所以愈加地恐怖。

有段时间，几乎后悔没有选择出国；有段时间，慌张得不知如何是好。可能是因为当年中考有子弟政策保底，几乎是十拿九稳。我现在面对一个需要完全靠自己奋斗的高考，心里更加没底儿。

但是慢慢地，经过一段时间我的慌乱也就平静下来了。对于我来讲能做的只是做好眼前的每一件事，抓住机会提升自己，享受生活，该来的总会来，再怎么说也是我自己的选择，没什么可抱怨的。而且，每年面对高考，面对预科的人那么多，既然大家都可以，我没道理不行。

## 高考

2016 年 6 月 8 日下午，对于我们的学长学姐来讲应该是个快乐的时刻——一段旅程结束，翻开了新的篇章。然而对于我们来讲，一切才刚刚开始。作为一名中国学生，我花了十一年想象高考，恐惧高三。然而到了现在我却突然发现，我还没准备好。习惯了北大附中轻松气氛的我，习惯了凭借自己北大子弟身份笑看成绩的我，其实还没做好拼博的准备。

这一届的高考落幕了，突然发现自己已经无处可躲了。考试结束后一个小时，朋友圈已经被“距离高考还有 364 天”的消息刷屏了。许多人也一边感叹着自己“变成应届生了”，一边将微信头像改成了北大附中新鲜出炉的“2017 锯高考，不惧高考”的标志。哪怕是我自己，桌面上也已经摊开了最新的高考试题，就像前几天高三说明会上某老师说的一样：“无论你们是否做好了准备，高三都会来。”

但是看着朋友圈里一条条消息，紧张焦躁的心情慢慢消退。至少，我不是一个人。高考也许有诸多可怕，但是它也是一次令人成长的经历。与同学们一起，为一个目标付出百分百的努力，这对于我来讲大概会是一次难忘的人生体验。突然想起自己当年选择不出国的原因：不高考总觉得自己错过了点什么。到现在为止，虽然多次感叹出国党的好处，但却没有真的后悔过这个决定。也许我也该换换头像了。

## 无路可退

2016年的高考成绩出来了，对于北大附中来讲是一片惨淡的，最高分比清华低了17分，这还是拜一位衡水中学来的“留学生”所赐，对我们来讲是赤裸裸的打脸。最近几天，社会上对北大附中的议论是前所未有的多，甚至让王铮“走人”的言论也是不绝于耳的。然而，学校里却是出奇的安静，大家仿佛刻意避免“成绩”这个话题，就算偶尔提起也只是几句自嘲，一声叹息罢了。虽然我们曾反对王铮的每一个决定，虽然我们曾评判过每一次改革，但这一次我们却是安静的，从这一点来说王铮这个校长比不少人想象的要成功。

面对改革的失败，多少人想过退缩，多少人又想过折中。然而当我们的改革违背了所有“常规”的要求时，折中是行不通的。国内所谓素质教育与应试教育的平衡，天平倾向哪里所有人都是心知肚明的。北大附中没有选择“折中”的权利，对于我们来讲，改革必然是颠覆性的。

现在，许多人呼吁用换校长的方法为北大附中的改革来个急刹车。然而蓦然回首，我却发现我们已经无路可退。从师资角度讲，自2009年改革以来不少老牌教师离去，补充进来的新鲜血液也许高水平、高学历，却缺乏高考经验。从学生角度讲，这批学生早已无法适应应试教育，而以后的学生质量会因北大附中现在的惨淡成绩望而却步。对于我们来讲，现在放弃也许真的会沦为那种将“恭喜×××同学考上一本线”的横幅挂在门前的学校。相对而言，前方的路虽然黑暗，但总有一线曙光，而它值得我们去追寻。

## 最后的最后

明明从高二一开始就告诉自己高三快要来了。但是到了现在，却发现自己仍然措手不及。突然发现自己在课间从一个教室赶往另一个教室的日子已经屈指可数。突然发现图书馆三层那张我霸占了两年的桌子很快就会变得陌生。

开学第一天慌乱地在楼道里乱窜而找不到教室的迷茫仿佛还是昨天，然而很快我又需要坐在一个固定的教室里，每天面对同一批老师与同学。一开始也曾质疑过走班，但现在却发现自己已经完全习惯了，习惯到几乎无法想两年前班级固定的情景。我已经记不清这两年来我曾多少次与同学慷慨激昂地痛斥学校的每一个决定，亦数不清自己曾多少次希望北大附中回归一点传统的教育模式。然而，当"传统"就摆在我们面前的时候，我才蓦然意识到自己会多么怀念选课时卡成狗的 Chalk 系统，才突然想起来自己是多么喜欢没有班主任的无拘无束。

也许人都是这样，要失去了才意识到拥有是幸福，等没有机会了才开始追忆往昔。随着那最后一天的临近，一切习以为常的琐事似乎都变得珍贵了起来：去一趟书活，和几个学妹打个招呼；漫步在走廊里，想想自己下节课该去哪上；在 locker 前停留，理理自己所剩无几的东西。平常的一切都因高二的结束染上了别样的色彩。就连一贯觉得颇为无聊的议事会和校会我都坚持着没有打盹地听了下来。当然，它们依旧是很无聊的，但是我有一种感觉：在不久的将来，我大概会怀念这种无聊。

最后一次关上 locker，最后一次以高二的身份走出校园。我知道不久之后，我会以全新的身份重新步入这里。不知道在一只高三狗的视角里，熟悉的校园会不会有什么不同。但是无论如何，I'm ready!

高三，我很期待。

## 分班，请认真

从小到大，我都是所谓普通班的，初中如此，高中也没有进学霸的明德书院。其实对此我倒也没什么惭愧的，毕竟普通班有普通班的好处，怎么说也是少了些实验班的竞争气氛。但是到了高三，我迎来了我的最后一次分班，它将决定我在A层还是B层学习（我至少还是有不进C层的自信的），对此我还是很重视的。毕竟“近朱者赤，近墨者黑”的道理我是深信不疑的，特别对于我这种自己学习算不上努力的家伙而言，优质的班级环境是一整年好好学习的必要条件。再者，由于原本的高三老师大批退休，补上了不少年轻老师，虽然知道每个“好老师”都是由“新老师”进化而来的，但相信谁都不想当他们进步路上的磨刀石。不过，学校还是有一个优秀的策略的——保一本率，保北清率。综上所述，理科所有的新老师都被安排到了B层。

故，为了这次分班考试，我大概是爆发出了多年未见的毅力。

话说，我们的分班考试是有两次的，一次在暑假前，一次在暑假后，大概是为了尽量测出学生的真实水平，减少“发挥失常/超常”所带来的影响。理论上，我认为这种设计十分科学；情感上，却未免哀悼痛苦的假期。不过，为了接下来一年的环境，这个假期我放弃了手机，放弃了旅行，一心宅在家里学习，做完了老师布置的所有作业。要知道，对假期几乎从来不着家的我来讲，这是颇为不可思议的。最后，我倒是也如愿以偿地进入了A层，算是努力有了回报吧。

但是，分班考试上的一件事却让我感到颇为诧异：所有人都在喊着“约C层，约天台”（C层在顶楼，有天台），甚至有人为了去C层而特意在分班考试上交了白卷。的确，满是新老师的B层不受大家青睐，但是既然如此，为什么会有这么多经历了北大附中素质教育的学生宁可选择放弃般地投入C层，也不愿拼一把看自己能不能进入A层？仔细一想，大概是两年充满活动、十分轻松地生活磨平了我们的斗志。习惯于轻松、随意的我们忘记了奋斗的感觉，何其可悲。我一直认为中国的高考虽然颇受诟病，但在磨练意志品质方面的确有它的价值。而我们走在自由民主的“素质教育”路上时，是否忘记了朴实的努力的重要性。

当然，这不是在否定改革的价值。只是，看到分班考试上此种现象，我不禁认为，也许高三这一年的备考对于我们的价值远不止“为上个好些的大学”那么简单。

## 高三前，打点鸡血

北大附中是极其喜欢把一群人圈在一起做各种活动的，以至于我们学生对活动公司的人都颇为熟悉，比如新生入学教育、野营、心智训练等等，当然也包括我们今天刚刚参加的高三助推。说实话，我们所谓高三助推和衡水中学喊口号、百日誓师没有什么根本上的区别，大抵只是少了点气势、扣了顶心理学的帽子罢了，目的其实是一样——通过外界刺激促进肾上腺素分泌，进而使人爆发出一定潜力。俗称：打鸡血。

具体活动其实颇为古旧也算不上有趣，有关梦想的画图训练、有关毅力的坚持搓手半小时、有关同学爱的个人经历分享和北大附中特有的“赞美”（一个人站在中间，其他人依次对他/她表达赞美）。对于我们而言，这些活动高一高二参与过不少，兴趣并不大。参加的原因更多是为了抓住这高三地狱前最后的狂欢。是的，虽然之前一直努力在做心理建设，也有了两次分班考的初步体验，但是当高三真的来临时，我们都被吓坏了。高一高二 16:50 就放学，若是课位排的好大概也可以走得更早，生活充满了活动、娱乐，总之就是各种浪了。然而，从明天起，我们的生活将彻底改变：一周六天，一天 14 个小时的学习似乎不准备给人任何休闲的时间。其实虽然助推一整天都在围着高考转，但是对于现在的我而言，高考并不显得可怕，它似乎离我还很远，反而是中间隔着的“高三”显得颇为狰狞。我想，对于大部分人来说也是这样的——经过两年纯粹的素质教育后，应试教育是那样令人难以接受。但同时，我们也知道这比别的学校更苦更累的“高三”是我们进入大学必将经历的磨难，是两年愉快素质教育的代价，而我们能做的只是昂首面对它。

不过幸好，在北大附中你永远有学长学姐的关爱。哪怕已经毕业，还有不少 16、15 级甚至更早的学长学姐愿意回来做助推助教，并在接下来的一年里给予我们帮助、指导和安慰。他们会给我们讲述自己的高三的经历，告诉我们每个阶段会有什么样的心理变化，应该如何应对，手把手教我们面对高三的每一个细节。有这样一群学长学姐陪在身边，我突然觉得安心了不少。

也许，明年我也会回来，虽然并没有什么熟识的学弟学妹，但我想，只是为了这份传承，也是值得的。

## 外地大哥

别的学校我倒是不清楚，但在北大附中我们有这样一个传统：每年高三都会转来不少外地学生。由于外地紧凑的学习节奏，他们的成绩大多是不错的，想来学校也是希望他们来提高我们凄凉的平均分。按照北大附中的命名传统，我们将这些神秘的人儿尊称为外地大哥。

虽说大家对引入外地大哥们的目的也都心照不宣，但是 16 年高考听说一位外地大哥拔得了附中头筹还是让大家不禁感到有些脸痛。当然，这种面子问题主要还是学校去担心，对于我们这些即将迈入预科部的高二学生而言最担心的问题还是“厉害的外地大哥的数量与他们对分班的影响”。随着分班考试的日益接近，似乎校园的各个角落都能听到有关的讨论。谁都没有准确的信息，但正是这一个个模模糊糊的传言更增添了大家心中的紧张：

“听说上届 A 层有 20 个外地大哥”

“听说外地大哥都特别厉害，高中知识全会了”

“听说今年要来几十个外地大哥”

……

毕竟 A 层只有 60 个名额，而我们每年也只有 30 多个人上北清。他们上的多了，那我们的机会也就少了，这是必然的。客观上来说，外地大哥们为高考比我们多努力了 2 年甚至 5 年，得到更好的结果也是应该的。但情理上来讲，一群“外人”进来抢我们的名额谁都接受不了。

就在这种纠结又紧张的气氛中，分班考试如约而至，而北大附中所剩无几的高考党们也有幸在我们中间发现不少陌生的面孔。他们有的来自外地，有的来自北大附中的各路分校，独来独往，面孔上有着不同于附中学生的严肃，答题时有一股不可言说的自信。当然，以上可能只是我们丰富的想象力带来的错觉，毕竟太多的时候“We see what we want to see.”外地大哥们的真面目大概还得开学后才能见分晓。

Ten

# 高三，亦苦亦乐

高三虽说是艰苦的，但是你可不要指望一群爱玩的北大附中学生整日把自己埋进书本中。不不不，我们总能找到快乐，哪怕在高三。几个同学围在一起，不是立硬币就是掉小人，又或者是比比谁的毽子踢得更好。怎么样？是不是觉得丝毫感受不到高三的紧张了？

当然不是，上述活动永远只存在于下课和午休的时间里。事实上，无论是上课还是自习，只要铃声一响，所有人都会回到自己的座位上，听老师讲课也罢，自己自习也罢，总之是丝毫不会因上述活动分心的。

学便学得认真，玩也玩得尽兴，这大概就是高一高二两年教育的成功之处。

高三，说它快乐实在牵强，说它痛苦也不完全准确。但也正是这亦苦亦乐让它越发难忘。

## 我们的高三不讲课

说起来，我们亲爱的王校长似乎对讲课有一种天然的反感。从高一高二起便要求语文、英语老师用课堂讨论替换一般的讲课。到了高三的复习阶段，更是变本加厉。我们A层是索性把黑板给撤了，至于别的层，就算仍有黑板，大家也只能背对着它坐。如此一来，老师讲课的欲望也便小了很多，两个小时的一堂课，大约有一个半小时便安静了下来。对此，大家本是非常怨念的，毕竟附中学生和一般的高三生还不一样，高一高二大多没怎么学，到了高三大家都把“一轮复习”戏称为“一轮学习”。

不过幸好在我们层大家的学习热情都比较高，一有不会的知识点就成群结队地追着老师问，很快也便体会到了一对一辅导的意义。毕竟大家疑惑的地方各不相同，如果老师总是在课堂上讲课，谁也免不了在自己熟练的知识点上浪费时间，同时也会有一些自己个性化的问题在“大锅饭”的学习中被忽略。自主式的课堂把时间交给了学生，让我们每个人都能精准地锁定并解决自己的问题，把高三有限的时间花在刀刃上。

当然，不要以为我们的老师课堂上不用讲课就很轻松了。其实，我觉得他们花的精力比传统教学的时候是有过之而无不及的。原本，他们只需要上课讲课就ok了，现在他们在课余时间需要录海量微课供同学们选择。我们，只需按需听取，大大减少了在重复的知识点上浪费时间；他们，却需要在一个个短小的微课中囊括每个细碎的问题。这还只是下课时的工作，上课时他们更忙。许多时候答疑的同学们排成长队，一个个稀奇古怪的问题也经常让老师们必须查阅论文，集体讨论后才能解答。但老师们从不会因此感到厌烦，为了解答我们的问题他们经常会留到很晚。

其实，到现在我也说不清高三是否应该讲课。我觉得这样很自由，方便省事，但是因为同样的原因，许多C层同学觉得无法接受，这一届也是我们许多年来高考一本率最高的一届。大概是没有一个方法能适合所有人，因材施教才是硬道理。

## 课，可以不上；作业，也可以不写

大概从小学5年级开始，我便是讨厌英语课的。别误会我，我不讨厌英语，只是痛恨英语课罢了。过于简单死板的中式英语一直令我觉得颇为无聊，而那些以抄写为主的作业更是被我判定为浪费时间。所以，我一般是不做英语作业的，并会把英语课上的时间用作更有意义的事情上。然而，正是这个原因让我收获了不少英语老师的恶意：有的会在明面上批评我，另一些喜欢在暗地里排挤我。所以，我除了必要的学分外，高一高二没有上任何多余的英语课，也正因为如此，一听到高三有英语课我就已经扎起了满身的刺，准备打一场恶战。

然而，事实却是颇让我意外的。我大概在开学第一节课便找王老师说明了我的情况，表明了自己高三不想在英语上花时间的想法，王老师不是很赞同，这是意料之中的。意料之外的是，在我几次英语考得不错后，王老师对我的做法似乎就没了意见。甚至在检查作业时发现我没有做，也会毫不介意地笑笑说："你，我放心，不做没事，学学别的科吧"。但是，我想一般老师就算是可以接受我的行为，心里也不免有几分芥蒂。事实证明，我却是以小人之心度君子之腹了。后来，当我拿作文请教他时，他也是非常悉心地指导我，并建议我练练字什么的，完全没有所谓的芥蒂，几乎让我感觉有几分"以小人之心，度君子之腹"的惭愧了。

后来，慢慢熟悉了高三才发现，这样的事情其实并不少见。去年，一位物理竞赛特别厉害的学长，竟被获准在苏洁的物理课上学习他当时颇为惨不忍睹的语文。要真正理解这件事的神奇，你必须要认识苏洁这个人，她对教学，对课堂，对生活都是那样地投入，那样地热爱。以至于你觉得，她绝不会允许你用不投入"玷污"她所热爱的事物。但就是这样一位老师做到了中国太多老师做不到的事情——把自己的感情、自傲放在一边，一心一意为学生着想。

这就是北大附中我最喜欢的一点，也是为什么我至今认为我们会成功的原因。北大附中没有固化的模式，有的只是为每个学生定制最适合的学习方案。标准化从不是我们的追求，张扬的个性才是最美丽的。

## 上课用平板

北大附中的高三采用的是信息化教学。300多人人手一个的pad中的确能看出学校在我们身上是下了血本了。毕竟，近几年北大附中惨淡的成绩确实需要什么东西来挽救一下。

对于一群把着90后尾巴的高中生而言，任何一个有着能亮的电容屏的东西都是美好的。虽然学校已经在平板上安装了严密限制权限的系统以保证平板只能用来学习，但"道高一尺，魔高一丈"，不论平板如何升级，我们总能在上面找到几个可供娱乐的"漏洞"。就在这一次次与技术人员斗智斗勇中，我们倒是很快熟悉了平板的运用，有的时候用起来倒是比学校请来专门负责调试系统的技术人员还要熟练几分。

很快我们就已经能熟练地在平台上对答案、交流、提问、听老师录的微课讲解，甚至在一些平板运用熟练的年轻老师的课上我们已经游刃有余，平板教学的确有它的方便之处。但对于许多用传统教学方法教了三十年书的资深教师而言，这一点点信息化技术却仿佛比那高考卷上的压轴题还要狰狞不少。

比如我们亲爱的语文老师，就经常向我们吐槽平板的操作太复杂。前一天拍的照片、录的微课动不动就找不到了；对着一张 PPT 点了好久，却总是找不到那个能把她屏幕上的内容广播到我们平板上的按钮。每到此时就轮到了我们指导着老师们解决这些“困难”的问题，倒是和每次老师给我们讲题有几分相似。

也许是因为高三饱受摧残，总想看看别人和自己一起“受难”，所以每次看到老师们低头虚心地向技术人员学习新的平板使用方法时，都觉得挺开心挺感动的。有一种，这一年大家一起奋斗、一起进步的既视感。

## 外地大哥后续——也没那么厉害

高二的时候，我坚定地认为外地大哥都是超级学霸，都应该在 A 层，都会去北清。毕竟，他们高一高二、甚至初中阶段在学习上面花的时间和精力都要比我们多很多。再者，他们之前练习的全国卷、江苏卷都那么难，现在面对我们这个所有人都称作“简单”的北京卷还不是小菜一碟。我想，在见到真人版外地大哥之前，不少同学和我有类似的想法，或者说是错觉。

所以你大概可以想象到我们发现外地大哥在 A、B、C 层基本上是均匀分布时的惊讶了。不过很快我们便想到了一个合理解释——外地大哥有自己的分层方式，会按照他们在所有外地大哥中的排名按比例分入 A、B、C 三层。也算是一种本土保护吧。直到第一次月考进行了全年级的排名后，上面那个猜测才被彻底推翻。我才第一次意识到外地大哥也没有那么厉害，甚至绝大部分都是不如我的。

其实在预科部，外地大哥的存在将素质教育相对于传统教育模式的优势和劣势都体现得淋漓尽致。一方面我们的基础明显薄弱，曾经一位同学的评价颇为精辟："人家复习是查漏补缺，我们复习是精卫填海"。两年中缺少复习，许多人早已把高一的知识点忘得一干二净了。但另一方面，素质教育中逻辑思维的提高、思考问题全面性复杂性的锻炼又让我们对知识有一种独到的见解，让我们更能透过漫漫无边的题海看到考察的本质。我们中 90％的人永远没有过不少外地大哥那样起早贪黑，疯狂刷题的努力，但我们的思路也因此没有被思维定式所束缚。站在我的位置，无法客观地评定素质教育的优势和劣势究竟哪个对高考影响更大，但就今年的高考复习而言，不少高三刚开始时还遥遥领先的外地大哥在高三的冲刺阶段成绩和排名都有较大下滑。也许是因为半年的时间我们的基础补得差不多了，他们的优势也就小了吧。

无论是素质教育还是应试教育，学生的成绩永远都是正态分布的，因为永远不会有一种模式是适合所有人的，也许，以后随着科技的发展，因材施教才是最好的方式。

## 运动可不能少

都说身体是革命的本钱，这一点在高三似乎是尤其值得重视。一周 6 天，每天 12 个小时的学习不仅对身体压力极高，同时也代表着每一次因病缺席都会让你落下大量的内容。在这种情况下，"不生病"变成了最好的解决办法，而让"不生病"成为现实，最好的方式便是合理的饮食与运动。这一点大家都知道，所以从你迈入高三的那一刻开始，身边的老师、家长就喜欢在你耳边不断强调要运动。

不过高三毕竟休息时间短，没什么连续的时间可以运动，一开始我们还争取大课间去跑步什么的，但后来就慢慢发现基本上到了操场就没什么时间跑了。不过，机智的我们当然不会因此放弃，一连串的室内运动应运而生，颇有八仙过海，各显神通的意味。首先，男生们开始把各种各样带来或者捡来的球在 1 班、2 班之间的空教室和走廊里面踢着玩，上课的时候那些球就放在那个空教室里，我曾经粗略地数了一下巅峰时期应该达到了 20 个，种类包括篮球、足球和排球(虽然都是踢着玩)。至于女生嘛，我们喜欢更加平和的运动方式，于是向楼上的 5 班同学学习了一下，开始踢毽子。一下课，就在教室里、走廊里到处踢，一个多月后，大家的踢毽子水平都显著提高，甚至有厉害的能够不间断地连踢 100 多个。对于我们这些大概能把不少小学班主任气得七窍冒烟的运动项目，苏洁倒是出奇地开明，只是提醒了一句别把玻璃踢碎，碎了要赔便基本没管过我们。后来发现这个提醒真的是挺有必要的，虽然我们没有砸碎任何玻璃，但后来的确在跳起来碰墙上的表的过程中，成功地把那块表捅了下来……

上面几项是比较大众的运动项目，还有同学会选择别的方式运动，比如说在一楼的空地上跳绳，再比如说在南楼大厅打羽毛球等等。但也许是因为对装备和场地的要求较大的缘故，并没有能在整个 A 层流行起来。

尽管我们这些运动方式看起来十分“别致”，但它们的确达到了为我们提供足量的运动量的功能，还为大家的高三生活带来了不少欢乐，可以说除了形式奇葩了一点真的没什么毛病。

# 板报这种神奇的存在

板报——一个高三不少老师都颇为重视的存在，是要求每个层都隔两个月出一张的。说实话，作为一群习惯了用PS做海报，用公众号做推送的新世纪青年们而言，拿起笔来画一张海报简直神奇得无法想象。然而，上有政策，下有对策。各个层的应对也是颇有附中特色的。

先来说说我们层，大概是最不走心的——苏洁用A4纸打印下来几个字，用图钉钉了上去便了事了。一开始是用白纸打的，字是黑色的，后来，由于大家普遍反映长得像挽联，便改成了彩纸打印。当然，A层大家普遍醉心学习，没有心思或技术弄出一份像样的板报倒也算是情有可原。

个人认为，最会偷懒的大概是B层。第一次板报，他们做得是非常正统的。橘黄色的纸面上工工整整地写着激励大家期中考试加油的一段话，四周装饰各种图案、花纹。挺不错的，是吧？然而，两个月后，他们在板报上粘了纸片变换了几个字——期中改成期末，一改成二……然后，第二份板报就新鲜出炉了。如此一次次的改动，竟把一份高三开始时的板报用到了高考前夕，实在是一劳永逸的典范啊。

再说说C层，大概是最有趣的。他们的老师在距高考还有一百天的时候贴上去了一个条幅："努力100天，争取600分"。这本来挺正常的，但最有趣的是他们有个家伙偷偷去在600上添了一个圈，把600改成了680，也就成了"努力100天，争取680分"。果然附中的学生什么时候都不会缺少自信。

说了这么多，大概也就剩个文科了。他们的板报秉承了文科一贯文艺的特点，是一位学长写的书法作品。内容大概是鼓励大家好好学习的，激励作用虽然不大，但也挺好看的，我们去接水的时候经常欣赏一下。

哪怕是高三，哪怕只是一个小小的板报，我们做出来的也一定不会是千篇一律的模板，而是各具特色的个性体现。而老师们也不会有过多的要求限制，而是在一边看我们尽情地发挥。这大概便是北大附中式的自由。

## 高三，与老师共立硬币

对一只高三的犬科动物来说娱乐是稀少的，看着身边那些每天“两耳不闻窗外事，一心只读圣贤书”的学霸们，实在让人觉得一点点放松都是一种罪过。进入高三两个月，我也蓦然发现就连自己钟爱的美剧也已经很久没有追过了。

然而，就像我们首导总是强调的：“高三到了最后比的不是谁会学，而是谁会玩儿”。高三需要学会的不只是学习，更是休闲，而在这方面我想我们班绝对是年级里的翘楚。

这不，下课铃一响，老师还没踏出班门，一群人就争先恐后地将讲台上散落着的二十几枚硬币立了起来。然后饶有兴趣地等待下一位老师走进来时的表情，可惜，老师们的表现却比我们想象中的要 cool 得多。

总是颇为严厉的英语老师冷冷地扫一眼我们的“杰作”，淡淡地吐槽了一句：“你们班钱还真多啊”。引来大家一片哄笑。一贯雷厉风行的物理老师一进来，就像往常一样，将教案拍到讲台上，瞬间硬币倒塌、滚动的声音充满了整间教室，同学们再一次欢乐得笑出了声。物理老师仿佛也乐在其中，下一个课间又颇为积极地和我们一起呈现了上述喜剧。最有趣的是我亲爱的导师化学老师，她直接趴下开始和我们一起立硬币。而且老师的水平还是相当不错的，第一次尝试便搞定一枚被公认很难立住的一元硬币，果然立硬币也是需要天赋的。

作为北大附中的学生，我们最擅长的大概就是找到生活中这种小小乐趣，让哪怕是高三的生活也显得不那么枯燥。而最后，必须要提一句的是，立硬币这项有益身心的活动，可是本宝宝发起的哦。

## 文科生的生活情趣

其实，我一直认为自己的高三生活还算得上健康、舒适。每个课间和同学去接点水，每个中午有个小枕头休息一会。毕竟高三课业繁重，每天 14 个小时待在学校那小于一立方米的课桌空间内，自然是比不上高一高二在家里来的舒适自在。这很正常，毕竟是高三嘛，大家的生活质量多多少少都要打点折扣。

在某一天不小心误入文科教室前，我一直是这样认为。那天早上来得比较早，经过文科教室时，不禁被门边的桌子吸引住了视线。小小的一方桌子没有像我们的一样被两摞高高的书占领，而是“麻雀虽小，五脏俱全”地布置得井井有条。上面有一盆绿植，一个茶壶，一罐花茶，一个马克杯，一盒纸巾，一个笔筒。每一个都是小小萌萌的，一整排摆在桌前倒也不显得拥挤。丰富、舒适的布置简直显得和高三压抑、沉闷的大环境格格不入。

为了更好地围观这张桌子神奇的主人，我利用课间时间去找了个那个班的朋友玩，顺便参观了一下他们班。仔细环顾了一下整个班，简直是打开了新世界的大门——每个人的桌子上都有方便可爱的小玩意儿，每个人的椅子上都摆着花花绿绿的靠垫。教室后面的柜子里摆满了各种各样的零食，甚至还有一袋咖啡豆。墙上贴着"背水一战"几个大字，据说是班里某位同学写的。几个女生聚在垃圾桶旁边一边讨论《红楼梦》中自己喜欢的人物一边仔细地削着苹果……整体的环境既文艺又小资。

高三的生活免不了有些沉闷枯燥，但是这些同学能把高三狗的生活过得如此有滋有味，我还是很佩服的。其实高三也没那么可怕，"锯高考，不惧高考"，做到"不惧"大概也便胜利一半了。

## 三好生，好尴尬

三好生评选，相信大家在学生时代都经历过无数次了，我也就不再赘述了。但在北大附中，高一高二的时候，我们是没有什么三好生评选的。三好生都是符合要求的自己申报，再由老师审核的。而由于一贯欠佳的文科成绩，从小到大我基本上也是与三好生无缘的。不过，到了高三，预科部的一切都向传统的教育模式靠拢，这三好生评选也便应运而生了。

当然，这倒不是尴尬的重点，大家小学、初中都评过三好生，没什么可大惊小怪的。尴尬的原因是：我们学校的三好生名额按层分配。你能想象领导们是怎么想的：A、B、C层是按成绩分的，那么成绩最好的A层也就必然应该有最多的三好生名额喽。结果，我们层最后得到了50个三好生名额，以我们班为例，这就代表我们要在24名学生中评选20个三好生。虽然大家对三好生都不大在意，但如果成为剩下的四个也实在是不大舒服，而大家做选择的时候也会觉得挺对不起没有选的人的。而且，苏洁要求我们必须要在选票上写所选的人，也就是 20 个名字，而不能只写 4 个不选的人。理论上，这好像是为了让没选中的人感觉舒服一点，但是实际上它好像只让所有人都觉得麻烦了一点罢了……

投完票，为了避免当众唱票的尴尬，苏洁和班长出去统计了票数，然后苏洁回来悄悄地告诉了没评上的同学。虽然如此，由于教室不大，我们也大体能看到谁没评上。大致就是平时比较安静、没什么特点的同学，和我的选择惊人地一致，其实感觉还是蛮内疚的。幸好，同一天评选的还有优干和优团，而我们也一致同意将这些名额留给没评上三好的同学们。所以，最后大概每个人都选上了点什么。

其实现在，特别是在北大附中，每一个人都有自己各不相同的闪光点，再用简单的“三好”去评定一个人是否优秀未免有些片面。而这样一个评选，让选上的和没选上的都挺不舒服的。

## 春游

高三的主要内容固然是学习，但是人也总不能每时每刻都被困于枯燥无聊的题海。特别是到了最后一轮冲刺的时候，总要给自己一点放松的机会才能更好地学习。这大概就是为什么北大附中和许多学校会选择在一模考试之后，用春游的方式让大家放松身心。

一模后的春游是附中每年的传统，但是去的地方却是各不相同的，赶上的春游项目是否好玩，那就要看自己的运气了。比如我们去年的学长学姐们去了水世界，而我们去的却只是一个颇为无聊的大觉寺。但是，对于现在的我们而言，去哪儿其实并不重要，重要的是有一天可以无需感到愧疚的娱乐时间。

其实我们这些高三才刚刚组建的班级里的同学们，虽然平时也会各种说笑玩闹，但最终并没有那种三年同班同学的感情与友爱。平时一起讨论问题的不少，一起享受生活的却不多，倒是这次春游让我们有了熟悉彼此、加深感情的机会。后来想起来，这大概是整个高三，我唯一一次和班上的同学一起没有学习压力地玩。现在想来，这种纯粹的娱乐也是颇为珍贵的。

一个上午，我们其实并没有特别地花时间游览大觉寺，每个班找了块空地，便在阴凉底下开始了游戏。从“真心话大冒险”玩到“你画我猜”，肆意的笑声中释放的是平时无法言说的压力。虽然没有水世界刺激，但是大家在一起做游戏、谈天说地，也有一种别样的快乐。

回程的车上，我们欢乐地仿佛忘记了自己身处高三，哪怕平时认真严谨，仅一心学习的同学也开始和我探讨起了北京城各种有特色的餐厅。一切都是那样的轻松，一切都是那样的自然，仿佛我们不再面对高考的压力。哪怕现在回想起整个高三，那算不上内容丰富的春游，也会是其中浓墨重彩的一笔。

然后我们回到了学校，然后理智开始回笼，然后我们又重新投入新一轮学习中。我不能确定这样一次春游的疯玩儿，是否对接下来的学习有什么重大意义，但是的确在高三颇为枯燥的生活中给我留下了很深的印象。而从现在的角度看，当时看得比天重的高考已经没有那么重要了，反倒是高三中这种一点一滴的快乐让我记得尤为深刻。

# 一群吃货的高三日常

高三的学习压力大，比较容易减肥，这是有科学依据的。大脑进行工作时主要消耗身体内的糖原，所以在高强度的学习、解题中，你更容易感到饥饿。这个时候，如果你坚持住不加餐，减肥是正常的。学校里不少同学就是这样的：学饿了、没吃的、减肥。但是当你是一只身边常备零食的吃货的时候，这个事情就有点意思了，大致可以概括为：学饿了、吃、长肉。其实，如果只有自己一只吃货还好说，毕竟带的零食很难保证无时无刻的供给。然而，像我们班那样有一群吃货时，这事儿就麻烦了。

每个人每天大概都会多多少少带点零食、水果什么的，而一下课大家就会聚成一团分享美食，讨论最近学校附近新开了什么店、味道如何。饿极了，我们真的是什么都吃的，有一次几个人聚在一起分食一包不知道哪里翻出来的黑芝麻糊粉，干的……不过，实在没有零食的时候我们也会成群结队地出去买，或者订外卖。

记得某一天晚自习，突然有人提出想吃鸭脖，大家一拍即合。十分钟后，香喷喷的鸭脖和鸭锁骨就送来了。我们也不顾还是晚自习时间，就找了间空教室大快朵颐去了。鸭脖很香，但是锁骨实在太辣了，北京的同学们吃了一块基本上就受不了了，最后还多亏了一个武汉妹子，英勇地解决了。当然，我们吃完后还是很道德地收拾了骨头什么的，并且洗干净了手和嘴，才进了教室。不过几乎一身的鸭脖味和血红的嘴唇还是出卖了我们……

高三必然是颇为紧张的，但几个人聚在一起，吃点零食、聊聊天，的确能让生活感觉正常一点，或者说更像人的生活一点。不过，一年过后我们也为自己的吃吃吃付出了惨痛的代价，在不少人都成功减重的高三，我们基本上每人重了10斤。唉，没办法，暑假减肥吧。

## 晚自习的缺席

高三开始的时候，所有人都充满了努力学习的干劲，每天从早7:00到晚10:00，教室里都能看到低着头奋笔疾书的人儿，哪怕是那北大附中同学们感觉十分陌生的晚自习时段，每个教室里也是座无虚席的。然而随着时间的推移，高考的威胁不再显得那样迫切，而高三一开始时定下的雄心壮志慢慢地泯灭在茫茫题海中。

临近寒假，每天晚自习教室的人数与刚开学那会儿相比已是迥然不同。A层每天可能只会缺一两个人，B层的可能会少了一半，C层的教室却基本上已是空空如也的状态。而文科那边除了实验班，剩下两个班加起来的人数一只手都数得过来。这些空位主人的去向大抵可以分为如下三种：

最多的便是纯粹累得不想来了，毕竟对于习惯了高一高二轻松自由散漫的我们而言，一天14个小时的学习，的确让人有几分吃不消。A、B、C层缺席人数的差异，大抵就是来自于这一部分的。我想一个人、一个群体是否卓越，是否优秀，大概就是由你在已经筋疲力尽的时候还能坚持多久来决定的。

还有一部分同学在课外或是报了辅导班，或是花了大价钱请了一对一的家教，希望在临近高考的这段日子中，弥补自己学习上严重的漏洞。然而事实上，我却认为外面的老师很少有人能比得上北大附中的师资。而我们答疑式的辅导课，也给了同学们足够的向老师寻求一对一辅导的时间。不利用好手头的资源，却舍近求远，寻求外面老师的帮助。我认为在大多数情况下，不仅是一种对时间和金钱的浪费，甚至有被误导的危险。还不如踏踏实实地在晚自习上和同学讨论讨论问题，再向老师答答疑来的有用。

最后还有一小部分人大概就是真的因为高三的紧张压力生了病的那群同学。对北大附中的学生来讲，我们只有一年时间，高考的准备是在与时间赛跑，受伤或生病所造成的学习上停滞，带来的可能是全盘皆输的后果。高考是一场持久战，有了健康的“1”才会有之后的“0”。

无论是因为上述三种中的哪一种原因缺席了晚自习，都应该尽快想办法调整好。只有每天跟紧老师，按部就班地学习才是获得好成绩的基础。

## SHHH……苏洁来了

在北大附中，老师基本上只负责专业上的问题。至于生活起居、课外活动嘛，我们毕竟都是高中生了，大可以自己解决。三年以来，我经历过的老师们大多都和“传统”意义上的高中老师有些不同，相对管的要少得多。不过，也是有特例的，比如说我们的首导刘苏洁老师便是一个典型的“班主任”。

她会督促我们做值日，会叮嘱我们升旗不要迟到。这些听起来十分正常的事情，放在北大附中这种“自我管理、自主学习”的情境下的确让初入高三的我们有过一阵惊悚。不过，苏洁虽然管的挺多的，却丝毫不令人反感。她永远充满热情、充满活力，哪怕是在数落你也会让你有一种被关心的温暖。而且必须承认，苏洁在打鸡血方面绝对是一把好手。每次大考结束，苏洁都会专门拿出一节物理课做成绩分析，俗称打鸡血。内容自然是从我们本次考试的成绩说起，然后必然会找出几个励志的童话故事，比如“咸鱼翻身”“青蛙挣命”什么的，我们都在背后讨论这些故事是不是来源于苏洁儿子的童话书；最后，会以一个励志的歌曲或者励志的视频结束，幸运的时候我们还能听到苏洁一展歌喉呢。虽然这些听上去有点孩子气，但还真能把我们从考试后的低迷状态里拯救出来，甚至每次还都有几个多愁善感的姑娘感动得掉下眼泪。

另一件苏洁颇为喜爱的事情就是讲述往届学生的故事，每一个都讲得生动形象、引人入胜。经常上着课，不知道怎么的就讲了起来，讲得兴起还给我们看几张照片，我们自然也都听得津津有味。毕竟里面不少主人公是我们认识的学长学姐，而我们也非常乐意了解一下他们的糗事。不过，每每想到几个月以后我们自己也有可能成为苏洁故事里的主人公被讲给学弟学妹们，就不禁有一种不寒而栗的感觉……

进入北大附中的时候，我爱极了老师们的不管杂事，至今也还是。但是在高三充满压力的时候，能遇到像苏洁一样让我感到温暖的老师，真的是我的幸运。

## 导师组

必须承认，王铮校长一直无比推崇的导师制实在算不上成功，至少在我这高中三年里是这样的。无论是高一高二没人愿意见的专职导师，还是高三活跃度参差不齐的导师组都没有达到校长大人期望的程度。前者之前的文章早已说得颇为详尽了，这里也就不赘述了，我们主要来看看后者。预科部每层有 6 个任课老师，每个老师带 10 个学生，这 10 个学生便是一个导师组，而这个老师便是这一组同学的导师。理论上导师会经常与学生谈心，提供高三的个性化辅导及心理支持，而一个导师组的同学会形成一个紧密的团体，在学习和生活上互相帮助、共同进步。实际上嘛，就因人而异了。语文老师爱好集体活动，经常带着组里人出去吃饭或是去附近游玩。苏洁热心肠，经常和组里人畅谈，分析他们的成绩波动。而我们的导师是学科主任，教学工作繁忙，我们导师组自然也就没有什么活动，就连每次见面都十分短暂。到了最后毕业我和导师组里不少同学也还算不上熟悉。

不过幸好，组里有几个活跃的大佬，高考之后便着手组织了“谢师宴”。不仅达到了感谢老师的目的，也让我们这个不大熟悉的导师组难得地聚在了一起。聚会的时候，分数已经出来了，对我们来讲，大抵也就算是尘埃落定了。成绩，必然是几家欢喜几家愁的，本以为气氛总会因为那最后一次考试而有几分尴尬，然而，并没有。饭桌上大家聊得轻松而随意，追忆高中生活、讨论未来岁月、感谢老师一年的陪伴。和一群与你有过一段共同经历的人讨论着一个你们共同爱着的地方，真的是一种很舒服的感觉，舒服得让人能忘记高考的失利。

也许导师组算不上成功，改革中有许多举措是算不上成功的，但最后北大附中是成功的。这份对附中的热爱永远能把我们联系在一起，而这也便足够了。

## 高考第一天，老师送行

一年的努力，一年的奋斗，大概为的就是在6月7号那天早上，以一个不一样的身份踏入北大附中。前两天刚下过雨，但是这一天的早上却是晴朗的，艳阳高照。附中门口人山人海，家长老师，还有神色紧张聚成一团的考生，把大泥湾路的小巷子堵了个水泄不通。看着那一群不熟悉的校服，那写着中关村中学、写着北航附条幅，哪怕是在北大附中主场作战的我们也感觉有点陌生。再往前走几步，我们的迎接队伍就来安慰我们的心了，学弟学妹们和出国党的同学拿着“北大附中锯高考，不惧高考”的鲜红条幅，站在门口，微笑着向每一个人打招呼。看着那一张张熟悉的面孔，我心中的紧张也不禁消退了几分。

家长和同学只能送到距门口一百米的位置，接下来的路就要我们自己走了。拿着透明笔袋儿，捏着准考证，原本熟悉的校园都显得陌生了。但一进校门，第一眼看到的便是所有高三老师面带微笑地迎接着我们，按照惯例都穿着鲜红的衣服，站成一排，亲切地握着我们的手，做着最后的叮嘱。哪怕是当天不考的英语、理综的老师们也都如约而至，在校门口迎接着我们。我们一个个走进了校园，老师们便在身后目送着我们向着考场走去。

今天的北大附中，一切显然都是很陌生的，唯有老师们熟悉的面孔与亲切的祝福，让这不平常的考试多了一点平常的元素。也许是感受到了背后凤玲的目光，向着考场的路，我走得格外踏实。马上就要进入教学楼的前一刻，我回头向校门口望去，一群红色的身影依旧站在那里，依旧不断地给来来往往的附中学子带来安心。

6 月 7 号这一天极其晴朗，早上阳光明媚，到了正午时分，照在身上已是火辣辣的了。但当我 11 点半走出考场时，老师们还依旧站在那里，虽然鲜红得像一团火焰，却意外地给我躁动的心带来一丝平静。

对每个人来讲，高考必然都是紧张的、焦虑的，但老师们的守护总能给我们带来一丝安慰。北大附中的改革改变了很多，永远不会改变的，是老师们对我们全心全意的付出。也许这就是为什么，无论怎么改，北大附中依旧会是我们永远热爱的北大附中。

## 略论自招的重要性

若要说高三我最后悔的事情,大概便是没有好好弄自招了。曾几何时,我坚信自己裸分就能上北清,便不愿花时间了解自招的题型,最后却真的败在了这一点上。高考只有一次,有太多的偶然性,我身边就有许多本已稳定在北清线内的同学,因为高考最后一次的失误,没有上线。他们中有些人,多多少少有些自招加分,便上了;而还有一些,没有加分,便只好黯然离去了。很可惜,我属于后者。在这一点上,足以看清自招的重要。

说起来,其实附中对自招还算重视,所以这个锅还真不能让学校背了。从高三第一次期中考后,老师就每周给稳定在年级前 40 的同学在平板上推送自招课程,顺便下发纸质材料。基本上只要你有北清的希望,就有自招课程学。当然,“自主”是我们永恒的问题,老师发了,学不学也就看自己了。而在这一点上,我实在算不上积极,也就浪费了自己的机会。

自招的主体部分,是在高考后进行的。就像陈亮老师在最后一门英语考完后对我们说的那样:“不要松懈,第二战场才刚刚开始”。的确,在最后一场考试铃声打响时,当所有人都一派轻松地扔下笔时,我的心里还是颇为沉重的,因为迎接我们的是新一轮可能更加残酷的考试。

当天晚上,我们便拿到了复习材料——近年来的北清真题。其实北清每年的自招试题是绝不外露的,但由于我们每年参加自招的人数众多,哪怕是每人回忆一道题,基本上也能拼凑出整张卷子了。虽然原题不可能重复,但我们拿到的那份凝聚了许多学长学姐心血的卷子还是有很大的指导价值的。当然，到了那种时候，不会就是不会，卷子上的知识点没学过，就谁也救不了你了。

今年我们的高考成绩颇为惨淡，真的有不少人是通过自招进的北清。但我这种没学过竞赛又没搞过自招的也就只能哭晕在厕所了。

Eleven

# 后高考时代

6月8号，或者算上自招6月13号，总之6月初我们为之奋斗了一年的高考便结束了。无论有多少反思，多少遗憾，都不得不承认，在最后一张卷子交上去的那一刻，高考我们所能掌控的一切就告一段落了。

但是如果你觉得我们的高中生活就这样结束了，那么你就实在太不了解北大附中的作风了。

首先当然要有个毕业典礼，说实话，从头到尾都是学生策划的毕业典礼算不上精彩，但也的确给了大家一个 get together 的机会，不过这倒也不算是重点。

重点当然是我们亲爱的学弟学妹们啦。去年的同一时期是我们的学长学姐放弃了自己放松的时间，悉心地为我们这群战战兢兢即将迈入高三的小雏鸟们排忧解难，今年我们自然也有义务照顾一下学弟学妹们了。这不，刚出自招考场，我们一群考生就开始为学弟学妹们回忆考题，而报完志愿没多久，大家又开始为下一届新高三的助推活动忙活了起来。

说真的，这种感觉真的很美好，仿佛自己也还没有离开附中一样，也许这也算是真的，只要我们心中还牵挂着这里，大概就不算彻底离开了吧。

## 用好每一秒、干翻斜对角

一模之后，北大附中嗨了，从同学到老师，甚至到学校领导。对于许多同学来讲，一模是近一年里最好的一次成绩，伴随着好成绩而来的北清面试，让我们几乎觉得自己一只脚已经踏入了北清的大门。对于老师们而言，一模的好成绩是许多届北大附中没有见过的了，他们似乎已经看到了北大附中强势回归、一雪前耻的一刻，甚至某位同学会使“北大附中”这几个字再次与状元挂钩。对于亲爱的校长同志来说，一模的成功是对他主推的平板教学、自主学习模式的最好认可。是的，整个学校，或者至少是整个预科部似乎都被这高昂的气氛感染了，就连三楼那个永远怒发冲冠的清洁工阿姨都显得可爱了。

甚至，据我们某个妻子在人大附中教书的老师所透露的消息，人大附中已经专门开展了针对我们的研讨会。这倒也不难想象，这次一模北大附中不仅在海淀区前十名中占了五席，就连人大附中一直视做囊中之物的海淀区第一也被我们夺走了。也大概是在这种情况下，我们 A 层在高考 50 天的“伪誓师大会”中喊出了“用好每一秒、干翻斜对角”的口号。

那时我们真的相信自己可以“干翻斜对角”，所有人都相信。曾几何时，我们骄傲、飞扬，不愿也不屑于考虑任何除了北清的学校，至少我是这样的，相信当时这样的同学不算少数。当我捧着北大博雅与清华领军的资格昂首走入高考考场时，还是何等自信，我坚信自己甚至不太会需要加分的辅助。半个月后，目瞪口呆地看着成绩，我被狠狠地打脸了。接踵而来的“北航”“南大”等措手不及的考虑我现在还不愿细说。

不过似乎，被打脸的不只我一个。今年北大附中的高考成绩远不如所有人的预期：许多本来觉得北清十拿九稳的同学去了北医或别的学校；不少平时超北清线许多的同学，这次必须靠加分才能勉强过线；C层更有十几个同学未上一本线，这是往年的10倍……今年的我们，似乎在一模时已燃尽了最后一份绚烂，留给高考的却是一片惨淡。背后的原因值得深究。

## 想出国永远都不晚

北大附中的出国党历来是逐年增加的，到了我们这一届人数更是高得离谱。高一进校的时候全年级有380人，等到高三入预科部的时候却只有300人。而且不要忘了，这300人中还有好几十个外地大哥呢。所以总的来讲，我们大抵是有1/3出国党的。应该说是比1/3还要多的，毕竟还有一批人在高三一年中和高考过后决定出国的，而且人数还不少。就拿我们小区来说，一共有五个北大附中的，就我一个选择国内大学，剩下四个出国党中便有一个是高考后临时决定的。

其实对于我们来讲，最惊讶的是高三一起在预科部受苦的难兄难弟们，有不少在高考结束的那一刻选择出国。当然这其实也是值得理解的，毕竟现在世界上很多国家的很多不错的大学都能认可中国的高考分数。一个在中国甚至上不了985的分数拿到国外去，却能在澳大利亚、加拿大等国家上一流大学，实在是超值。而且现在在北京，选择复读的人已经很少了，特别是我们这种学校。大家自由散漫惯了，忍受了一年还不算特别辛苦的高三就已经到了极限了，坚决没有尝试第二次的兴趣。在这种时候出国变成了挽救一个考砸了的成绩的唯一办法。

当然出国的方法也不是适合所有人的。毕竟国外那些超一流大学，对托福、雅思、SAT、ACT的成绩都还是有所要求的，如果你没有在这些考试上考出一流的分数，那么还是会必被世界上top100的大学拒之门外的。所以在我们学校通过出国改变命运的也基本上是B层、C层的同学。像我这样不上不下的分数是出国也挽救不了的，就算出了国给我带来的也只是更多的学费花销罢了，并不能改变所上学校的质量。

现在随着国外大学对中国学生接受度的提高，国人出国的热情也是前所未有的高涨。然而在迫不及待地投入美帝的怀抱之前，请一定要记住：不同人适合不同的教育模式，真的并不是所有人都适合出国的。

## 毕业，却不是终止

天下没有不散的宴席，一年前、两年前的现在，我们还满怀好奇地看着学长学姐们衣着光鲜地走上红毯，而今天我们也迎来了属于我们的成人礼。

自招结束不到一周的今天，我衣冠楚楚地站在样子有几分改变的校园中，感到有些无措。今天所有人似乎都是不一样的：女生们穿着五颜六色的礼服裙，画着精致妆容的脸上却不禁透出几分尴尬；男生们无一不是西装革履，那系好的外套和整齐的领带在烈日下却显得格外别扭。我跟着人流走过红毯，在签名板前签名、留影，然后又跟着熙熙攘攘的人群，转战体育馆。一边玩手机一边听着校长讲话，稀里糊涂地从不认识的老师手中接过毕业证书，然后一切就结束了。

我一直在等，等那个我感到伤心的一刻，等那个我因意识到要和这个我爱着的学校分离而惆怅的那一刻。一直以为在这代表结束的毕业典礼中，有一刻我会想到我在北大附中所有快乐的记忆，想到在这里的一点一滴，每一位同学每一位老师，而感到怀念，感到怅然，然后慢慢又释怀。然而这一刻并没有到来，走在熟悉的校园里，向每一个熟悉的面孔打招呼，我的心情出奇地平静。像往常一样和同学谈笑，像往常一样与老师逗趣，一切都是正常的，正常的仿佛只是又一次有些无聊的学校活动。

北大附中每届毕业典礼是由下一届的学长团的同学策划的。就像我们曾经策划过16届学长的毕业典礼一样，我们的毕业典礼是由18届同学一手筹备。而那略有些不近人情的座位安排和那颇为混乱的证书颁发仪式，自然都是这些学弟学妹们的手笔。也许是因为这个原因，身处在又一个北大附中有趣却又有些荒唐的改革之中，让人很难有结束的感觉。在那永远进行的改革当中，我们也在不知不觉中产生了一种永远会在其中的错觉。

事实上的确是这样的，对于每一个北大附中人而言，毕业典礼并不只是一种关系的结束，更是一段新的情缘的开始。当我们下一次踏入这个校园的时候，或许是以学长学姐的角色，又或者是以校友的身份。但是无论我们身份如何，无论我们身在何方，每年10月4号、5号校友日时，我们的心都会与北大附中同在。对于北大附中而言，毕业并不等于结束。

## 高三带你飞

现在高考已经结束3个月了，而学长学姐为我们办的公众号“高三带你飞”也已经停更快两个月了。哪怕知道再也不会有鼓励的话语、诚恳的经验出现在那个公众号上，我也迟迟不愿取消关注。因为每次看到那熟悉的标志，心中都会升起一股温暖。

高三一年，除了父母和老师，给我们最多支持的便是这些已经毕业的学长学姐们了。16 年高考一结束，趁我们还没有开始放假时，就陆陆续续有学长学姐回来开讲座，向我们传授各方面的经验。关于暑假安排的、关于预科部的、关于时间管理的、关于自招 & 夏令营的……基本可以说是只有你想不到的，没有他们讲不到的。甚至还有一位学长花了整整 4 个小时的时间给我们要参加北大信科营的同学讲信科营的考试内容。当时我自然是很感动的，但今年，自己面对高考后自招、毕业典礼、报志愿等一系列事情，感到焦头烂额时，才真正体会到学长学姐们当时奉献的无私。

接下来的一年里，每逢高三的重要时期，比如大考前后，公众号上都会发对我们的鼓励与建议。内容有的正经、有的实用、有的逗比，但无一例外总能让我们感到轻松、安慰。一直到 6 月 8 号中午，我也是看到了推送后才安心走入了考场。

6 月 8 号，我们考完了，学长学姐们的工作却还没结束。接下来的一段时间内公众号上又忙着帮我们和大学的直属学长之间建立联系。直到我们大家都收到了录取通知书，又联系上了自己的直属学长，"高三带你飞"上才发上了最后一条推送。在高考失利的痛苦中，那条推送一次次感动并安慰了我。现在把它送给所有大一新生和所有附中的战友们：

1. 请不要长期活在落差之中；
2. 请不要去炫耀你的高中；
3. 请和好朋友保持联系；
4. 尽可能谦逊而努力；
5. 保持健康的体魄；
6. 常怀感恩之心
7. 请不要忘记：

北大附中致力于培养：

个性鲜明、充满自信、敢于负责，

具有思想力、领导力、创新力的杰出公民。

他们无论身在何处，

都能热忱服务社会，

并在其中表现出对自然的尊重和对他人的关爱。

就这样，高三结束了，陪伴了我们一年的“高三带你飞“也完成了他的使命。但幸好，新版的“18届高三带你飞”已经上线，由我们这一届运营。为的就是让正深处水深火热中的学弟学妹能感受到我们当年感受到的温暖与感动，这种传承大概便是北大附中改革的意义所在吧。

## 我不后悔

一年前在北大信科营面试时，我被问过这样一个问题：“如果北大附中的教育模式使你最终去不了北大清华，你后悔吗?”当时，我的答案是干脆的“不后悔”。然而，当时我也是坚信自己能上北清的，所以这个回答必然是算不上客观的。高考后，我曾无数次问自己那个问题“我后悔吗?”后悔“浪费”两年时间在素质教育上吗？后悔学了烘焙、摄影、西班牙语等“没用”的东西吗？后悔没有像所有人建议我的那样去学那些我不感兴趣的竞赛吗？也许一度，那个答案会是肯定的，一度，我认为如果能让我进入北大，没有什么是不可以的。

但是现在，在迈入了大学校园大门多时后，我觉得，我又可以坚定地说出那句“我不后悔了”。平心而论，我的大学算不上差，也算是个一流大学了，但是，它在自由度、课程设置、社团活动等方面都是比不上北大附中的。也是来到了这里，我才意识到说北大附中是“最像大学的中学”的意义是什么——它，虽然只是一所中学，但在理念与创新上真的已经超过了大部分大学。来到大学的这几天里，我们高中同学的群里不断有人说想念附中了，我也在其中。虽然在附中的时候总是骂学校制度不合理；骂学校把我们当成一群小白鼠；骂学校搞素质教育高考要完蛋。但真正离开了，才发现我们已经在不知不觉当中接受了素质教育那一套东西，并从中获益。

北大附中虽然是一所中学，但它创新的勇气高于大部分大学，能在这里，在最美好的年纪体会到自由与民主，体会到不受限制的个性发展，我们何其幸运。在这里的三年，我们也许没有把教科书背得滚瓜烂熟，没有把高考那张卷子练得十分熟练，但是，我想，我们学到的东西远比一个高考分数，甚至一份北大的录取通知书重要。我们学会了创新、学会了批判，成为了能够独立思考并对自己负责的公民。

# 闲言碎语

Twelve

# 随笔

这一部分收录的是我高中期间写的一些文章与报告，文笔大概算不上多么花哨，但是自己总是沾沾自喜地认为有些写得还可以入眼。

这里面一部分是高一高二写的一些议论性的文章，那时候没有经过什么正规高考训练，也就是想到哪，写到哪。后面一些却是高三在老师的指导下写的正规议论文，分，也不算低，好歹也是“一类文”。然而现在读起来，我却总觉得前者比后者多几分思辨与潇洒。

而现在，当我提起笔的那一刻我不知道自己还能不能写出前者那样的文章，或者说我不知道多久才能甩掉那份正经八板儿的格式。而这究竟是件好事还是坏事，究竟代表着什么，我不想深究了，留给读者自行考虑吧。

# 别让梦想变成白日梦

马云说:“人总要有个梦想,万一实现了呢”。这句话我并不赞同,梦想是要有的,但对待梦想的态度从不该如此随便。梦想是远方的光亮,但是如果不能一步一个脚印地接近它,全力追求它,那么它也不过是你脑海中的白日梦。所以有梦想是重要的,但更重要的是为梦想而行动。

马丁·路德金曾经有一个梦想——消灭种族歧视,相信这也是美国百年以来每个黑人心中的梦想。然而大部分人只是想想罢了,但金写书、演讲、游行,他努力奋斗着,为了自己的梦想,他努力行动着,他甚至为自己的梦想而死。他成功了,他为美国黑人争取到了前所未有的权力,他成了美国黑人的英雄。而这都是因为他把自己的梦想落到了实处,为自己的梦想努力奋斗。

杜甫曾经发出“安得广厦千万间,大庇天下寒士俱欢颜”的诉求,这般愿景固然感人,但他什么也没有做,只是在自己破败的茅屋里感慨悲歌。虽然留下了千古名句,却实际上未能实现自己的梦想,未能庇护任何一位寒士,自己最终也含恨离世。所以梦想如果不与行动结合,就永远只是白日梦,对自己对他人都不会有任何帮助的。

现在社会有太多欲望、太多物质,许多人每天幻想着梦想实现,却忘记了努力的重要性。我们这代人总想着一步登天,常常把梦想挂在嘴边,却忘记了最朴实的行动。

但哪怕在人人为金钱奔波的当今,为梦想奋斗依旧有它的价值。张益唐自小有对数学的热爱,有对素数的痴迷,他不慕名利,年过40也仅仅是名讲师,却在去年发现了“孪生素数”的理论,轰动数学界,获得了丰厚的奖项。所以哪怕是现在,梦想也是需要行动支撑的。

一个没有梦想的人是可怜的，而有梦想却无法落到实处的人却是可悲的。没有梦想依托的行动是毫无意义的，没有行动支持的梦想也永远只是白日梦。不要再坐着做梦了，行动起来，为梦想奋斗，别让你的梦想成为白日梦。

## 内心与现实

赫尔曼·黑塞认为遵从自己内心的意志是人类唯一的天职，然而我觉得他的话说得太过绝对了，遵从自己的内心固然重要，但是人是群居动物，彼此之间如果没有让步，没有妥协，只有每个人的随心所欲，那么除非每个人都有极高的觉悟，本身便如佛祖一般无欲无求，否则社会是无法稳定的。

首先，每个人都有最基本的生理需求，除非你是家财万贯，否则在许多时候内心的意志必须屈服在现实的压力之下。庄子能够曳尾涂中是因为他本身便是宋国贵族，衣食无忧，而陶渊明虽有不为五斗米折腰的骨气，但不要忘记与那“采菊东篱下”的悠然相伴而来的还有那份看着亲人忍饥挨饿的无奈，而这大概不是所有人都承受得了的。观察当今社会，真的能做到遵从自己内心意志的人几乎是没有的，一件如此困难到近乎无法完成的事情又怎是人类的天职？遵从内心意志并没有错，但是在许多时候我们更需要找到内心意志与现实考虑的平衡点。

其次，每个人虽然有遵从本心的权利，但是这是需要建立在你的权利不侵害他人利益的前提下的。有一种XYY染色体变异，被称为“罪犯基因”，携带者进行恶性犯罪的概率与欲望远高于常人，伤害他人也许便是他内心最渴望的事情，那么难道他应该遵从自己的内心去伤人吗？显然这是有问题的。人与动物最大的不同便是我们是有理性、有自制力的，若是一切都凭着感觉、毫无选择地遵从自己的内心，那么我们又与被本能支配的动物何异？

退一步来讲，探究自己的内心世界本身就不是一件容易的事情，很难只靠空想便在一霎那间顿悟，必须依靠自己的一个个小愿望一点点去探索。比如说，齐白石不惑之年通过绘画寻找到了自己的本心，那些黑塞所认为无关紧要的小事，恰恰是人们通往自己内心的钥匙。

综上所述，我认为遵从内心并不是评判一个人的唯一尺度。而我们更不能毫不顾忌世俗规矩与国家法律而一味追求个人意志。只有当人既能看到自己的本心，又能遵守社会规定时，才能得到真正的安心与快乐。

## 机会主义与理想主义

不可否认，机会主义和理想主义都曾造就过千古流芳的伟人。他们都有自己的价值，都可以通向伟大。然而像大多数普通人一样，我不可能是一个纯粹的理想主义者或者机会主义者。

纯粹的机会主义，让生活少了太多乐趣，一味地向上爬，总还是太累了。现在就不时地听说一些父母的朋友、同事生病或去世的消息，明明只是四五十岁的人，却由于工作和生活上的种种压力，最终搞坏了自己身体，这绝不是我想要的未来：为了一个职称，一点工资早早地白了头发，落下了一身病，只为那名利二字。我从来不想追求太多权势、太多钱财，只是想做我喜欢的事情罢了。

我有我的梦想，我清楚地知道我以后想干什么，甚至为了完成我的梦想我会不遗余力，用尽一切办法。它很实际，但是我想完成它，不过是因为我既会享受这个过程，又会希望看到最终的结果罢了。也许听上去很任性，但是我不会勉强自己做不喜欢的事情。

上面说的，仿佛我一定是个理想主义者了，可是不然，哪怕想做纯粹的理想主义者，我却也没有资本，至少现在没有，我不要求生活的奢华，但也无法接受物质上的匮乏。毕竟我没有豁达到能够像中国古代众多文人那样一贫如洗，却空谈仁义道德。我的快乐与梦想建立在物质基础上，没有足够的经济基础，一切喜欢的事都是浮云。但是同样，不能做我喜欢的事，拿再多的钱也是一种折磨。而且我们这代人，身上背负的不仅仅是自己的未来，更有父母甚至祖父母的期望。我爱他们，不能为了纯粹的个人喜好而让他们感到失望或者伤心。我的父母很开明，但是我知道有些事情是底线，是我不能完全由着性子来的。

其实对于我来讲，我的目标由理想主义主导——我只做自己想做的事情，而对于我而言这就够了，我想做的事情大概能保证我以后衣食无忧。但是处理每一件小事的过程中我又是一个机会主义者，为了达到理想的结果我会抓住一切机会，毫不犹豫地把所有浪漫主义情怀扔到一边。以这样的方法做为我的安身立命之本，既保证了我做的事情能够有不错的结果，又让我自己能够享受每一天，倒也是美事一桩。

## 《史记》与现世人生百态之君臣关系

自古以来，君臣关系是最复杂也是最难处理的。对于臣子来讲，往往是“伴君如伴虎”，稍有不慎就有可能家破人亡，司马迁就是一个活生生的例子，所以在这里我也就不再多说了。对于上位者来讲处理好君臣关系也是非常重要的，处理不慎就可能会痛失贤才甚至影响国家的稳定。但是处理不好君臣关系的君主其实不可怕，最可怕也是最厉害的是能在用人时与臣子称兄道弟，而当这个人的价值被榨干时便将其果断除掉的人。

在汉朝之初，韩信算得上是一大功臣。他带兵作战的能力卓越，所以在刘邦打天下的时候他是不可多得的贤才。但是当天下局势稳定后这样一个手握兵权，有能力，有野心的臣子必然让多疑的君主疑忌。曾经的优点到了这个时候就使他变成了君主的眼中钉，肉中刺，最终，他被吕后与相国萧何合谋以谋反的借口骗入长乐宫中，斩于钟室，夷其三族。

必须得说，汉朝之后的皇帝也很好地继承了先祖的遗风。比如说，汉景帝时期，御史大夫晁错曾提议削弱诸侯国势力，剥夺诸侯王的政治特权以巩固中央集权。当时这个建议被景帝欣然采纳，但是以“请诛晁错，以清君侧”为名的七国之乱爆发以后，景帝听从了袁盎之计，腰斩晁错于东市。

年代再往前推一些，相信春秋时期越王勾践的故事大家都耳熟能详。在那时候，越王勾践有两个重用的大臣范蠡、文种，在越王勾践成功兴越国，灭吴国后，范蠡比较有远见，功成名就之后急流勇退，化名姓为鸱夷子皮，西出姑苏，泛一叶扁舟于五湖之中，遨游于七十二峰之间。然而，文种自觉功高，选择了留下，但是他的能力与才华为越王所不容，不久之后就被越王赐死。

类似的历史故事还有很多，我也就不一一列举了，这种君臣之间“可以共苦，不能同甘”的关系相信不用多说就已经显露得十分明了了。其实这种君臣关系，和现在许多上下级的关系有些类似，虽然不完全相同，但是主要的约束条件并没有什么不同。位高权重或者在当下并没有什么太大利用价值的人必然会被统治者忌惮、厌恶甚至想方设法除掉。在古代，除掉多指安个罪名赐死，到了现在，大概就变成了公司裁员了吧。仔细想想在现代类似的案例也是不少的。

比如说众所周知的乔布斯和朋友一手创建了苹果公司，甚至在公司成立初期为了筹得资金而卖掉自己个人的财产，在不到10年的时间内将苹果公司做到上市的地步。但是在1985年由于乔布斯经营理念与当时大多数管理人员不同，加上IBM公司推出个人电脑，抢占大片市场，总经理和董事们便把这一失败归罪于董事长乔布斯，于1985年4月经由董事会决议撤销了他的经营大权，乔布斯几次想夺回权力均未成功，便在1985年9月17日离开苹果公司。

再比如说，曾经先担任过福特汽车公司的总裁，后又担任克莱斯勒汽车公司总裁的艾柯卡，他在作为福特汽车公司总经理时曾经帮助福特公司完成每年18亿美元的目标，在福特公司处于仅次于福特老板的二号人物。但是好景不长，1978年7月13日，由于“功高盖主”，他被妒火中烧的大老板亨利·福特开除了，那个时候他已经53岁了。当然，之后由于个人卓越的能力和不错的机遇，他当上了克莱斯勒汽车公司的总裁并成功地将濒临破产的克莱斯勒汽车公司挽救回来，成为了全美第三大的汽车公司。

古往今来，上级和下级的关系很难单纯。当然我不是在说没有那种君主与臣子同甘共苦的典范，但是在茫茫历史中他们毕竟是少数。大部分君主在成功前与臣子称兄道弟，许诺荣华富贵，但是当局势稳定下来，大多还是“飞鸟尽，良弓藏；狡兔死，走狗烹”罢了。古代从来不缺君子贤人，个人认为这些人并不一定是看不清君主的真实目的，而是愿意为了国家和百姓尽力。而到了现代，在上下级的工作中本来就处于一种双赢的关系，这种关系，说稳定也十分稳定，说脆弱也不堪一击，就是“没有永远的朋友，没有永远的敌人，只有永远的利益”。

# 我的父亲

我似乎记事比较晚，现在能记清楚的大概最早也是5岁左右的事情了，对于父亲，我最早的记忆大概也就是那个时候的。刚搬到新家，我开始和父母分房间睡那会儿，爸爸每天晚上都会给我读睡前故事，由于没有过早地识字，这大概就算是我的启蒙读物了。然而和大部分人不同的是，爸爸当年给我读的书籍却和“童话”没有多少关系。现在想来，大概是爸爸当年自己读什么就顺便给我念了吧。反正，5、6岁的我就是这样看完了《寓言中的经济学》《艾柯卡自传》等高端、大气、上档次的书籍的。现在回首，真不知道自己是如何听懂的，但是当时我的确听得津津有味。我每天都会央求爸爸多读几段，经常自己把书拿下来，面对一大堆奇怪的符号发呆，有一次还尝试吃一大堆糖测试“边际效应”。

记得有一次，大概是一年级左右的时候，爸爸问我长大以后想干什么。我张口就问干什么挣钱多。爸爸哈哈一笑，告诉我精算师挣钱多，还给我比较论证了一番。具体内容倒是不记得了，但是“精算师挣钱多”这句话却被我深深记在心里。以至于很久以后，当别人问我长大想干什么时，我都会毫不犹豫地回答“精算师”。现在，真正考虑职业选择时，觉得多方权衡做精算师也真的不无可能。

小学时候，去美国之前那段时间，父亲坚持在每天上下学的路上教我背古诗文，一句一句地念给我，再慢慢地让我背出来。由于我完全是靠爸爸读的背，也没什么理解，纯粹是小和尚念经，有的时候背得还没有爸爸快。这时候，他就会和我比赛，我先背会就有奖励，大概就是糖果、零食之类的。这样一背就是一两年，基本上背会了那十二本红皮古诗文集中的所有篇目。虽然，现在已经忘得差不多了，但是也就是这一点点功底，让我从美国回来后的中文还不至于完全出不了口。当时让我最头痛的篇目就要数《白马非马》了，必须承认，这篇颇具哲学深意的文章我至今无法理解。当时爸爸一遍遍地给我念，我也一遍遍地质疑，表示只要稍作用词的改变就同理可证"任何马非马"，进而推出"马"并不存在。到了最后，爸爸也放弃给我讲解，我们两个一致表示这篇文章没有逻辑可言，表示放弃。

后来就去了美国，一开始的那段时间真心不适应。终于有一天，爸爸在夏威夷大学图书馆的某个角落找到了几本中文书，然后就看到一大一小两个身影在图书馆的角落里捧着一本繁体的《武则天传》，看得津津有味，或者在家中的沙发上对着一本《怀斯曼生存手册》研究如何搭帐篷。总之，那段时间基本上只要看到中文的东西，我们都会如饿虎扑食般阅读。看书的间隙，爸爸会给我讲一些历史故事，主要出自《三国演义》、当然也有不少历史上的趣事，说来也有些羞愧，但是那段日子的确是我对中国历史了解最多的阶段。但作为孩子的我当时的适应能力还是蛮强的，两三个月后，就开启了周末去海滩，放学吃冰激凌、冻酸奶，家里学校都说着叽里呱啦的英文的新纪元。对我来讲，那段日子应该是最快乐的，然而，现在回首，我认为对于爸爸并不是那样的，相比于国内熟悉的环境、语言和朋友，这里对于爸爸来说是陌生的，也是很难适应的。后来翻看照片才发现，刚到美国的那半年里爸爸瘦了好多，大概有快十斤了。每每想起，也是颇为感动的。

现在，爸爸基本上是我最耐心的数学老师，学校里不会的题，拿给他，大多都能给我清楚地解答出来。在这方面还是挺佩服他的，从数学系毕业二十多年基本上没有从事这方面的工作，但是解起我的难题来还是小菜一碟的。不仅是数学，有的时候在物理方面或者编程逻辑方面遇到问题，和爸爸讨论一下也是帮助不小的。

小的时候，爸爸是我的引导者，耐心地帮我打开人生的大门。现在，爸爸更像我的朋友，陪我一起在探究中成长。看着爸爸发白的头发，我只想说"很高兴有这样的父亲"。

# 选择

曾经看过这样一个理论：每当一个人要做出一个选择时，就会衍生出两个平行世界，在一个世界中他选择了A，在另一个中他选择了B。两个本应完全相同的世界，因一个人的选择永远地产生了差异。理论很玄幻，但道理却是朴素的，我们的每一个选择都影响着我们自己，甚至影响着整个社会。

在选择中我们可以完善自我，不断成长。在漫天的黄土与高薪的工作中，耶鲁毕业生选择前者，他选择面朝黄土背朝天，为家乡的发展奋斗，五年后的今天，他感动了中国，更获得了自我完善和自我实现的快乐。他的选择令他成长，让他成为更好的人，同时引领社会上更多的青年，回归乡土，改变我们的社会，在选择中他们获得了完善，成为了更完整的人。

而你的选择不仅影响自己，更会作用于我们的社会。一个简单的选择，也许就像选择对“中国式过马路”说“不”这样简单，却会有意想不到的收获。当你选择在路口停下脚步时，也许会发现身边安静等待绿灯的人变多了，当你选择扶起倒地的老人时，也许会发现我们的社会变温暖了。你的一个小小选择，不仅能完善自己，更完善了我们的社会，把它变成了一个更美好的地方。

但你的选择能影响社会，它亦能反作用于你，影响你的选择。面对飘满纸屑垃圾的小河，你也许会毫不犹豫地扔出手中的矿泉水瓶。漫步在绿草茵茵的公园里，你却不自觉地选择寻找垃圾桶。在闹市里热衷鸣笛的人，进入了静谧的小镇，也会选择用更平和的方式表达愤怒。

我们的选择影响着社会，而社会环境也会反过来影响我们的选择。所以如果你总是做出糟糕的选择，这些选择便会恶化我们的社会，周而复始，进入恶性循环。反之，如果你用选择完善自己，与此同时，你也在用你的选择完善我们的社会，而更美好的社会又会促使你做出更好的选择。

司马迁选择了忍辱负重，所以才有了《史记》这样的史家之绝唱；钱学森选择了归国奉献，所以我们国家有了迅速的发展；乔布斯选择了创新，所以我们有了个人电脑与智能手机；王峰选择了火海救人，所以我们有了感动，有了灵魂的触动。

那么当你面对A、B两个世界的选择时，你又会怎么选呢？

## 论英雄

英雄，在现代汉语词典中的解释是："本领高强，勇武的人。不怕困难，不顾自己，为人民利益而英勇斗争，令人钦敬的人"。根据这个解释，我认为项羽比刘邦更符合"英雄"的定义。

项羽力能扛鼎，也善于战斗。三年，从没有一兵一卒的平民到西楚霸王，是一个传奇般的人物。他有破釜沉舟的魄力；有"瞋目而视，楼烦目不敢视，手不敢发"的气势；有在垓下被围时慷慨悲歌的情怀。项羽也许不具有帝王之才，他可能无法理解刘邦的那些驭人之术，可能在英勇中也有一些残忍，甚至在最后失败了。但是英雄不一定是一个成功者，也不一定是一个完美的人，他只需要具有人们赞美的品质，他只需要被人们所铭记，引起人们心中的共鸣。而项羽恰恰就是这样的一个人，他其实和拿破仑有些相似，传奇的人生，绚丽的过程和急转直下的谢幕。垓下就是项羽的滑铁卢，在这里他本有机会逃跑，但是他选择了和自己的军队一起死。对于项羽来讲，他宁可像一个英雄一样死在战场上，也不希望独自一个人狼狈地逃走，这份舍生取义的英雄气概实在是令人感慨。

项羽没有成为帝王，却被司马迁列入本纪，足以显示这个人对历史变迁的推动作用。现在我们谈到刘邦和汉朝时仍会不自主地想到项羽，依旧为项羽的命运而感慨，还会敬佩他的英勇和他的精神。对于一个英雄来讲，这就够了。

## 学姐采访记录

学姐基本信息：

15 届诚意书院出国党

访谈记录：

1. 我：如果让你重返高中，请问你会选择班级制还是书院制的学校？并请谈谈为什么。

学姐：班级制。因为书院制是一个毫无归属感的体制，然而班级制让我每天都特别盼望上学，因为又能见到我特别亲密的小伙伴了。书院制不太容易建立同学间的感情，因为所有的人都在流动，而且课上大家交流少，平常也没有机会天天在一起，所以就很难交到新的朋友，我几乎所有的朋友都还是初中的同学。

2. 我：请分享一到两件让你对单元/书院产生归属感的事情。如没有，也请谈谈为什么。

学姐：没有！

我：一件都没有吗？仔细想想……比如说让你感到比较舒服的……

学姐：有那么几个朋友吧。

我：那有没有朋友之间发生的比较好玩的事情？

学姐：舞蹈节也没有给我书院感，我只是觉得我们20几个人在做一件事儿，但我对诚意书院真的没有感情。

我：你在诚意中有没有几个小小的瞬间让你觉得诚意不错的？

学姐：周磊[①]他离开诚意的时候哭了，然后我觉得挺感人的。

3. 我：这个书院最初给你的感觉是什么样的(为什么选择它)，后来有什么改变吗？

学姐：因为我本来想去元培的，但是听说元培考高考特别不靠谱，然后诚意是其他单元里头学习最好的，我就选了诚意。

我：但是你不是出国方向吗？

学姐：但是我高一的时候不知道自己要出国。

我：那你刚进诚意的时候对诚意是一种什么印象？

学姐：诚意就是……我们军训的时候就是觉得学长学姐们特别逗比，觉得他们挺逗的，挺可爱的。

我：现在你对诚意书院的感受有什么不同吗？新的？

学姐：我发现我归属于六单[②](至善)，六单是出国的嘛，我和诚意书院的那些人已经……就可能以前，可能还希望跟他们处。但是现在我很想和六单那些出国党处，因为诚意就不是我的地方。

4 我：对你书院的事务有没有什么不满，如果有请举例说明，如果没有，请做出论证。

---

① 现在是BDF教导主任，原诚意书院指导教师。

② 现至善书院。

学姐：我觉得大部分同学挺好的，但个别诚意的太嚣张了，我不是……我比较喜欢那种低调类型的，我不是很喜欢那种张扬的。

5. 我：你觉得再给你一次选择的机会你觉得哪个单元更适合自己？

学姐：五单[①]或六单吧。因为五单我认识的比较多，我觉得……我们班同学大多数都去了五单。而且都挺幽默的吧，挺好玩的，挺学霸的。诚意书院人太多了，就是放眼望去不认识的人太多了，就不会产生什么感情。五单，六单人比较少，大家都很努力很学霸，很纯。

## 个人感悟与总结

从上面学姐的叙述中我可以看到，她对自己选择的书院并不满意，甚至认为我们现在这种制度不适合同学感情的发展，不利于建立集体荣誉感与对书院的归属感。她选择的是诚意，但是后来发现自己更适合元培或者至善的制度，使她三年都没有真正融入自己的书院。其实，我相信这种人并不只有这个学姐一位，我们中的许多人仍然对原来的模式抱有怀念，不能完全接受现在的模式。有高一的高二的，甚至还有高三的。这是很可怕的，一般我们适应一个相对陌生的环境只需要几个星期到几个月。但如果不算少数的同学在几年的学校生活中一直无法适应学校的制度，就只能表明这个制度并不一定适合所有人。

在我们这种情况下不适应是可以理解甚至是必然的，这种制度与之前我们一直接

① 现明德书院。

受的应试教育大有不同。对许多同学来讲，这种本应到了大学才需要面对的选择与改变来得还是太早了。也许，你可以说国外的孩子高中甚至比我们更加开放，但是，他们面对的是一套非常完善的素质教育体系而不是一张刻板的高考考卷；他们从小经历的是倒金字塔式的自主学习而不是填鸭式教学。我不是说现在的改革不好，但是它对许多同学来讲还是太过突然，也许相比于制度大幅度地逆转，我们需要的更是循序渐进的稳步发展。

在北大附中我们学到的第一节课就是选择，那么我们是不是更应该可以去选择适合自己的学习方式呢？而且这位学姐提到的不融入自己的书院也是我担心过很久的一个问题，毕竟我们是在没有全面了解的情况下选择了书院，可能这种选择并不适合自己。而无法融入自己的书院不是让我们这些本就生活在这个流动的学校中的同学们更加孤单吗……也许弊端是每一个改革都无法避免的事情，但是在提前体会大学学习方式的同时，我们是不是也应该给还不想长大的同学们选择的权利呢？

## 仪式是美好的，形式不是

春节的舞龙、祭祖，泼水节的舞蹈，藏族人的朝拜，穆斯林一天三次的礼拜，都是仪式。这些仪式从古代流传至今，充满人们对自然的赞美、对宗教的敬畏，它们是人类发展不可或缺的一部分，哪怕在快节奏的今天，也不应该被抹去。然而仪式不是形式，它的价值不在于它繁杂的表现形式，而在于它所承载的文化与感情。所以我们不仅应该保留仪式，更应该保留仪式背后的情感与文化。

哪怕是在交通发达的今天，也少有人选择用汽车代步。而藏族人朝圣，三步一跪拜，要从家乡一直拜到布达拉宫，为什么呢？因为这三步一拜的仪式在藏民心中一代代流传，这仪式承载着他们对佛祖的敬仰。在一次次跪下的仪式中，他们与佛祖交流，获得了心灵的升华，他们是快乐的。这就是仪式的力量，它给人带来快乐，带来祖祖辈辈留下的安心。

反观我们汉族人，春节的仪式被一简再简，没了大年、小年的准备，没了剪窗花、写春联的趣味，就连除夕夜的鞭炮声都快完全消失了。我们随意从商店买个福字贴上，然后告诉自己：现在过节不需要重复那些麻烦的形式了。但是实际上，你快乐吗？在这简便的没有仪式的年中，你还能感受到儿时朴素的兴奋吗？答案是否定的。这些仪式是我们文化的载体，没了他们，文化便丢了大半。我们也再难感受到这些繁琐仪式所带来的古老的朴实的快乐了。

那么是不是只要保留仪式，做做样子就可以了呢？答案还是否定的，只有当你认可这个仪式所承载的文化，接受它所带来的感情时，才能真正体会它的价值。比如说穆斯林的礼拜可不只是做做样子，形式上礼拜一下就好了。他们大多在十岁就能背诵全本《古兰经》，他们在礼拜中向真主倾诉，获得心灵上的平静与安慰。这是仪式带给他们的，不是形式。

仪式具有丰富的社会文化价值，如果你珍惜它，完成它，它会给你带来平静，带来快乐。但如果你不在意它，只是当作随意为之的形式，就什么也得不到。所以请你在快节奏的生活中略略驻足，领略仪式的美丽。也许，会有意想不到的回报。

# 论雾霾听课

在去年12月份两次总共为期五天的雾霾停课期间，我本人一共经历了以下几种教学模式：1. 雾霾停课期间完全放弃学习，没有线上教学也没有线下作业，之后通过赶进度补救。2. 通过网络教学平台、Chalk等网上方式发布作业，教学视频或自学任务等等。3. 雾霾停课后利用中午、放学等时间进行全班性补课。另外虽然没有亲身经历，但听说学校有老师采用实时网上教学的方式，同学可以在特定的网络平台上实时听课，但也必须在这个网络平台上签到作为考勤。

就我本人来讲，我认为每种方法都有它的利弊。第一种方案，荒废了本应在学习的时间，而且在北大附中教学进度比较紧的情况下，不利于教学进度的维持。但可惜目前来讲却是雾霾期间大部分课程的实际情况。第二种方案很好地规避了荒废时间的问题，同时又避免了网上实时教学的一系列硬件问题。但是学生自我管理能力参差不齐，不一定所有人都能完成自学任务，导致复课后学生水平不一。实行第三种方案的老师是极其负责的，但利用中午放学等时间补课却很难迎合所有人的需要，毕竟学校里活动甚多，每个人都有时间的情况比较少。第四种是目前教委等官方机构最推崇的方案，但实际操作起来困难却不小。首先不论是校网还是北京市教委提供的网络教学平台在硬件方面都有欠缺，很难支持众多学生与课程的需要。其次，刻板的签到系统和缓慢的网速是很大的障碍，浪费了老师和同学们不少时间。

综上所述，我认为结合目前的实际情况与北大附中学生普遍的能力与素质，第二种方案是最佳的（通过网络教学平台、Chalk等网上方式发布作业、教学视频或自学任务)。在此基础上我认为任课教师可以组织同学以班级为单位在各个社交媒体(如微信、QQ等)上进行讨论,交流自学疑问,最后将大家普遍存在的疑问的解答做成教学视频发布到网络教学平台上,供有需要的同学自行下载学习。北大附中奉行自主学习,我认为这种方式既可以保证同学们在雾霾停课期间的学习质量,又不会过于死板,让过分的形式主义浪费老师与同学们宝贵的时间。

当然除上述已提及的问题外,我认为学校还可以采用以下几种手段保障同学们在雾霾停课期间的学习质量:首先在学校的各个教室(尤其是书院活动室和图书馆)安装空气净化器,目前好像只有地下室有类似设施。其次准备有关雾霾停课的预案,包括面对各个等级的污染程度学校的应对方案,比如住宿生的处理办法等等。最后建立相对稳定的网络系统,至少应该可以支持全校50%以上的课程同时在网络平台上进行实时教学。

## 朋友眼中的一丹

我想大多数认识一丹的人都会用“学霸”乃至“学神”来形容她吧。如果真的有一个“学霸模板”,那么毫无疑问,她的成绩就是按照这个模板铸造的:一贯名列前茅的考试分数,基本都在A+的最终评价,以及高得吓人的绩点。她喜欢理科,尤爱数学,对于上微积分的大学先修和数学荣誉课程充满了热情;她还堪称人形自走英语词典,使用起英语来如鱼得水,在英语上的造诣可能是很多大学生也望之不及的;她亦有课外兴趣,我们学校里的关于编程的选修课她都报了个遍,有时还能看到她抱着一本厚厚的编程书籍细细琢磨。

她的人缘也非常好，大概因她的外向开朗，风趣谈吐和善良秉性。她从不吝惜于使用自己的才华或者拥有的资源来帮助他人，对待来找她解惑或者共同讨论问题的同学向来热心，而且以她聪颖的天资和严谨的态度，也极少有她解释不了的疑问——但她并不是一个只知“死读书”的书呆子，恰恰相反，她有着广博的见闻，独立而深刻的思想，经常能提出批判性的问题，一针见血，字字珠玑。哪怕是在日常生活的琐屑事务上，她也都有自己的独到见解，这让和她谈话的人时常会有耳目一新、茅塞顿开的感觉。

能与这样美好的姑娘相识真是三生有幸的事情啊：D，在高三开始前的最后一天，祝她最终九转功成，考上心仪的大学和专业。

——晗钰

我佩服的人很多，大都因为他们对广袤的外界有多而深的了解。而一丹的可敬乃至可怕之处，在于对更广袤的“自我”有不容挑战的掌控力，在我的同龄人里是最适合“自主”的一类。

她喜欢执着，喜欢专注，喜欢为日后长久的愉悦咽下艰苦。她喜欢“合法”地钻空子，喜欢在无关紧要的方面尽情任性。她喜欢倾听，喜欢带来不同意见的话，不喜欢听话。她让瑕疵和光芒同样耀眼，于是我对她的敬意里掺了不少哭笑不得。

一丹眼里的生活服从二进制，只有不做的0和不休的1。没有喜欢但懒得努力，没有觉得该做又不想做，没有咬牙切齿强行把一些0涂成0.1，唯独有越来越多的，真正的1。

当一个有点争议的好学生，走进一所争议很大的好学校。其实并没有碰撞出什么火花，但这些不凡之地的平凡日常已是妙不可言。

——笑雨

后记

# 追忆北大附中的日子

虽然现在我的朋友圈里很流行或长或短的北大附中回忆，但原本我是不准备写这样一篇文章的。我任性地以为那段时光、那份情感会永远被我珍藏在心中，因为永远鲜活便不需要生硬的文字来描绘。然而，我错了，我低估了时间的力量。就在昨天，偶然碰到高中同学时，才意识到，短短几个月的时间，曾经那些在走廊每一次遇到都会打招呼的同学，现在却已叫不出名字；曾经被我们挂在嘴边的老师，现在说出来却显得陌生；骤然发现，我已无法流畅地说出每个书院的吉祥物；银杏犹在，我却再也背不全北大附中的培养目标。

这段回忆，如果现在不写，大概永远再难以写出心中的感情。如果现在不记录下来，以后可能真的有一天会将那段年少轻狂的日子忘却。

说来也好笑，原来在附中的时候，似乎一直都在骂。骂学校取消了语文、英语必修；骂学校的体育馆总是建不好；骂议事会、校会浪费时间；骂王铮每一个奇葩的政策……然而现在离开了，才发现真的没有一所大学比附中更尊重学生。10月校庆回去的时候，和几个朋友聊起来，普遍反映大学选课不自由，学生的看法得不到尊重。哪怕是去了北大的同学也不禁吐槽“北大，应该叫北大附中附属大学”。

是的，到了大学，才发现我们曾经拥有的多么可贵；到了大学，才意识到能自己选择老师、选择课程是多么幸福；到了大学，才发现，原来不是所有学长学姐都会像学长团的小哥哥小姐姐们那样热心；到了大学，才发现，学生自治没有想象中的容易。曾经高三，我们都渴望着上大学迎接美丽新生活，然而现在却发现我宁可再在北大附中待上三年。毕竟，附中还有那么多课程没来得及体验，还有那么多活动没来得及参加。在附中的时候总是不在意，总是觉得还有机会，然而三年，真的不长。至少还没有长到让我在北大附中玩够。

好想再在附中呆三年，原来总以为自己与“无聊”的活动绝缘，现在我好想参加它们。想参加一次学长团，在各种学校活动上跳蠢蠢哒的团舞；想在不到十度的天气里去一次露营，和同学们一起冻得瑟瑟发抖，却依旧张扬快乐；想选一次服装设计课，穿着自制的服装尴尬地走一次 T 台；想去听一次那看到过无数次宣传单的《老子茶座》；想上一次 Track，哪怕从北大附中跑到三里屯大概会要了我的小命……离开了才发现自己会多么怀念曾经不屑一顾的活动，失去了才知道有一群三观相符、经历相似的朋友是多么幸运。

到了大学，真的很多地方不适应。和人聊天聊到兴头上“展”字几乎要脱口而出，却突然意识到身边的人早已不是那群一起调侃“谁谁谁的展”的朋友，到了嘴边的字不自然地换成了男朋友/女朋友，我也失去了再聊下去的兴致。刚到大学的时候有一次和一个附中学姐聊天，看她随意地说出“展”，突然就有一种找到组织的温暖。请假、证明、课程等学校事务遇到任何问题时只有忙得不经常在线的辅导员，和总把你从一个地方推到另一个地方的学校部门。再也没有靠谱的周三石在西楼一层的办公室里坐镇，ready to 解决所有人的所有问题。每天从一节被安排好的课程赶往下一节安排好的课程，虽然教室不断变换，但身边那永远固定的同学却让你再难找到撞课的惊喜。

在之前写过的一篇文章中我说：“不希望在一个最像大学的高中经历两年后，沦落到一个高中还不如的大学”。现在却发现这其实不大现实，平心而论，我的大学真的算不上很差，但是却在很多方面不如北大附中。这大概也不是学校的错，作为一个大学必不可少地要考虑许多政治因素，而且学校的规模也是附中的几十倍，每个学生的权利自由自然受了限制。这些东西，心里并不是不明白，也知道自己绝无做出改变的能力，但北大附中深植在我们心中那点“公民”的意识却又时不时冒出一点犄角，总想去追求自由，总想去追求权益，又总会受挫，只能写一点这样追忆过去的酸腐文章缅怀一下曾经拥有的一切。见过光明的人，若是有一天回归黑暗必将愈加痛苦。北大附中让我们在高中阶段体会了最自由的教育模式，却也让我们对大学失望的概率大大提高。但即使这样，我依旧庆幸自己曾经看见过。